¡Mañana examen!

La evaluación: entre la teoría y la realidad

Dino Salinas

GRAÓ

Biblioteca de Aula | 170

Biblioteca de Aula
Serie Diseño y desarrollo curricular

C/ Francesc Tàrrega, 32-34. 08027 Barcelona
1.ª edición: abril 2002
ISBN: 84-7827-272-0
DL:B-17.743-2002
Diseño de cubierta: Xavier Aguiló
Impresión: Imprimeix
Impreso en España

Índice

Introducción

En un capítulo de Los Simpson, *en la escuela de Springfield,*
el primer día de clase, algo así:
Profesor: Estoy muy contento de comenzar este curso con vosotros. Espero que
lleguemos a conocernos y disfrutar de la asignatura.
Alumno: ¿Eso que ha dicho va para examen?

Confieso que es una tentación iniciar un libro sobre evaluación de alumnos y alumnas comenzando por escribir sobre aquello que no es evaluación, ya se sabe, calificar, poner notas, medir, etc., para luego continuar teorizando sobre lo que sí es evaluación o sobre lo que podría ser la evaluación del alumnado. Sin embargo, cuando uno piensa en su experiencia escolar como estudiante desde la perspectiva de la evaluación, acuden a la mente imágenes que, en su mayoría, tienen que ver con aquello que hipotéticamente no es la evaluación: el primer suspenso, el examen donde casi te pillan copiando (o quizás te pillaron), las lecturas públicas de las calificaciones por parte de algunos profesores, aquello de que «los acentos restan medio punto y las faltas un punto», el compañero de pupitre que era capaz de suspenderlo casi todo y que un curso se perdió de vista, la noche antes del examen con mucho por estudiar pero también con más sueño que de costumbre, etc. Es cierto que uno puede pensar que todo eso no son sino consecuencias de un sistema educativo que, de allá hasta acá, ha cambiado sustancialmente en sus formas y en sus métodos. Pero no es así, por supuesto que ha cambiado, pero algunas formas continúan estando presentes. Para mi hijo (cuarto de ESO) la evaluación no es sino el final de un período entre las clases habituales donde, normalmente, ha de pasar exámenes o controles y presentar sus libretas y cuadernos de clase al día, final que se resume en un boletín de calificaciones. Estoy seguro que para los profesores y profesoras de mi hijo, y probablemente también para los profesores y profesoras que me tuvieron un día en clase, la evaluación es bastante más que todo eso (aunque quizás para algunos no tanto). Por eso creo que los significados sobre lo que es y podría ser la evaluación en el aula se han de reconstruir sobre lo que unos y otros entendemos y vivimos cotidianamente cuando decimos que estamos evaluando, y también cuando dicen que los estamos evaluando.

Y, por tanto, este libro es sobre la evaluación de estudiante, pero también «va» de exámenes, trabajos y calificaciones.

Otra de las tentaciones al iniciar un libro sobre evaluación de alumnos y alumnas es la de, en este capítulo introductorio, insistir en que se trata de una obra dirigida a profesores y profesoras porque es eminentemente práctica. Yo creo, por una parte, que para que un libro sea apto para profesores y profesoras no es necesario que huya de lo teórico o lo trate de simplificar y, por otra, la hipotética practicidad de un libro, en mi opinión, no consiste en ofrecernos soluciones sino, entre otras cosas, que sea capaz de ayudarnos a ordenar nuestras ideas y si, además, nos resulta útil para pensar otras nuevas, pues miel sobre hojuelas. Espero que el libro resulte útil, también, a quien se forma desde la universidad en el ámbito de la docencia y, a ellos, a los alumnos y alumnas que quizás tengan que examinarse un día de un material donde esté incluido este libro o parte del mismo, señalarles que pueden decir a su profesor o profesora que el autor no da permiso para que este libro sea sometido al tratamiento de una evaluación a través de una prueba objetiva (y hasta es posible que cuele).

He estructurado el libro en cinco capítulos. El primero de ellos es un intento por ir situando algunas de las coordenadas que, en mi opinión, hacen de la evaluación de alumnos y alumnas una de las tareas más complejas de la profesión de enseñante. Para ir situando esa coordenadas, qué mejor que comenzar por seguir la evolución de un alumno y de una profesora en los intrincados vericuetos de la experiencia escolar. El segundo capítulo pretende situar al lector en las formas diferentes de pensar la evaluación de alumnos y alumnas bajo la consideración de que tras una forma de actuar hay una manera de pensar. En el capítulo tres trataremos de reconstruir un sistema de evaluación individual y ofrecer las claves para la reconstrucción de una evaluación compartida, algo así como evaluar nuestra propia evaluación para tratar de mejorarla. El capítulo cuarto está dedicado a comentar algunos de los instrumentos de evaluación, algunos usuales y otros quizás menos usuales. No he tratado de sistematizar y clasificar todos, o la mayor parte de técnicas posibles para recoger datos o información, sólo aquellos que por su repetida utilización o por su valor de cambio podrían resultar significativos. Por último, si el paciente lector consigue llegar al capítulo cinco se encontrará ante un conjunto de reflexiones con relación a la evaluación institucional y sus implicaciones con el desarrollo profesional del docente. Quisiera reseñar que el texto de este último capítulo en realidad es el resultado de un montón de reuniones, conversaciones y algunas investigaciones realizadas con Ángel San Martín y Paco Beltrán, colegas del departamento y, a pesar de ello, amigos.

En todo caso, el trabajo debería ser observado como una perspectiva particular sobre la evaluación de alumnos y alumnas donde, probablemente como cada posible lector, uno se mueve entre lo que podría ser y lo que realmente es, siendo al fin y al cabo ese movimiento entre lo imaginable y lo posible lo que nos hace continuar avanzando en la escuela y hasta en la vida.

Valencia, febrero de 2002

1

Una historia escolar de la evaluación

Al tratar de entender el significado de la evaluación, las definiciones son menos útiles que las descripciones contextuales. (Álvarez Méndez, 2000, p.122)

Introducción

Las escuelas son básicamente espacios para la experiencia y, a través de ésta, para el crecimiento en nuestra comprensión del mundo. Por otra parte, las escuelas se constituyen en elemento sustantivo de un proyecto que es social, cultural y académico donde, por tanto, aquello que ocurre en su interior se encuentra en gran medida, sometido a regulación y control. Currículo, planificación, objetivos, contenidos, evaluación, medios y recursos didácticos, etc., constituyen etiquetas a través de las cuales nombramos y tratamos de sistematizar, poner orden y comprender aquello que hacemos en las escuelas y las razones de hacerlo de una manera y no de otra. Sin embargo, también se trata de conceptos y categorías que, utilizados desde el discurso institucional que da cobertura, esto es, que controla y regula la escolarización y sus prácticas, adquieren significados que determinan en mayor o menor medida tanto lo que ocurre en las escuelas como las consecuencias de ello en el contexto social y económico. En otras palabras, y retomando el comienzo del párrafo, las escuelas son básicamente espacios de experiencias para el crecimiento de nuestra comprensión del mundo desde un marco institucional que regula, distribuye y valora el conocimiento que dichas experiencias toman como referencia.

Las escuelas son también lugares y, sobre todo, un espacio de nuestra vida en las que, como estudiantes, hemos aprendido muchas cosas. En la escuela hemos crecido física e intelectualmente, progresivamente hemos ido construyendo y reconstruyendo nuestro conocimiento, desarrollando actitudes, procedimientos... Pero no olvidemos que, también de forma progresiva, se nos ha ido juzgando en ese avance y que alguien, todos esos profesores y profesoras con los que compartimos gran parte del día durante el curso escolar, en momentos puntuales certificó si cada uno de nosotros progresaba adecuadamente, si quizás necesitaba mejorar o si su esfuerzo o rendimiento merecía un «suficiente» o un «notable» o quizás un «insuficiente». Si echamos una mirada a nuestro pasado escolar, a nuestra experiencia como alumnos, es posible que no encontremos muchas diferencias en las prácticas y experiencias de evaluación en el aula por las que en su día pasamos con respecto a las que ahora se enfrentan nuestros propios estudiantes. Exámenes, trabajos en la libreta, nota media de varios controles, entregar fichas... Y más allá de los instrumentos puntuales de evaluación, las sensaciones que para el estudiante se activan cuando, por ejemplo, se encamina hacia la escuela sabiendo que no ha hecho los deberes y que hay posibilidades de que el profesor los pida, o que no ha leído el texto que «va para hoy» o que ha salido a la pizarra a hacer un ejercicio del que no sabe ni cómo comenzar... o quizás el momento en el que el profesor se dirige a la clase en términos parecidos a los siguientes:

> «Coged papel y bolígrafo. Separad las mesas. A partir de este momento no quiero oír a nadie. Copiad las preguntas y luego las contestáis por orden. Basta con poner el número de la pregunta. No utilicéis tinta roja para escribir. El tiempo es de una hora, os avisaré diez minutos antes de que se cumpla el tiempo. No quiero pillar a nadie copiando. Primera pregunta...»

¿Qué profesor es el que se ha expresado en los términos apuntados? ¿El de los años sesenta, el de los ochenta, estamos ante un docente del siglo XXI? ¿Se trata del profesor de «la reforma»? ¿Es un profesor tradicional o innovador?... Imposible saberlo. Esa es una fórmula que podría ser utilizada por cualquiera de ellos y se trata, además, de una fórmula que, salvo ligeras variaciones (lápiz en lugar de bolígrafo y eliminar lo de «separar las mesas» porque ya estaban separadas) ha sido utilizada desde tiempo inmemorial. ¿Qué es lo que diferenciaría, entonces, al buen profesor del que no lo es? Probablemente lo que vendría a continuación de los puntos suspensivos, esto es, el tipo de preguntas planteadas y su valor como evidencia de aprendizajes significativos, su relación con una forma de enseñanza desarrollada en el aula, su peso relativo de evidencia de conocimiento a ser completada con otras evidencias, la forma de devolver las respuestas, correcciones y valoraciones a los estudiantes, etc. En suma, el sistema de evaluación utilizado como parte de una forma de trabajar –de enseñar y de aprender– en el aula.

Lo cierto es que, a pesar de todo, a pesar de nuestro aprendizaje como estudiantes sobre la evaluación, a pesar de nuestra formación como profesionales de la enseñanza y a pesar de que estamos evaluando desde el primer día que entramos en un aula como profesores, cualquiera que se dedique a la enseñanza puede reconocer que es la evaluación una de las facetas de la profesión que más complicaciones presenta y, por tanto, que más dudas genera. Tal como señalan Coll y Martín (1999, p. 163):

> *Lo sorprendente de esta situación es que ya no podemos excusarnos argumentando una falta de propuestas teóricas, metodológicas e instrumentales. El discurso pedagógico y psicopedagógico generado dentro y fuera de nuestro país nos brinda en la actualidad una serie de reflexiones y propuestas sobre la evaluación que no son en absoluto desdeñables ni en número ni en interés.*

Otros autores también hacen referencia al «profundo abismo entre el discurso sobre la evaluación y la pobreza relativa de la práctica» (Barbier, 1985). Si bien es cierto que en la actualidad disponemos de un abundante discurso teórico en torno a la evaluación y que en los estantes de cualquier librería o biblioteca especializada en temas educativos es posible encontrar abundante material sobre técnicas, métodos e instrumentos, así como perspectivas y modelos de evaluación, también es cierto que cuando acotamos el objeto de la evaluación al aprendizaje de los alumnos, puede haber cantidad, pero no es tanta la variedad. Quiero con ello señalar que no hay que confundir la evaluación, incluso la evaluación sobre aspectos escolares, como un campo de profesionalización, con la evaluación del rendimiento del alumnado como una faceta de la profesión docente. En el primer caso –la evaluación como profesión– el discurso sobre modelos, instrumentos y prácticas de evaluación resulta abundante y mucho más en contextos donde efectivamente existe una tradición en la evaluación de centros, profesores, programas, escuelas, reformas educativas, etc. En el caso segundo –la evaluación del rendimiento escolar por parte de los docentes– el discurso se presta a una conceptualización más limitada, más si tenemos en cuenta que la evaluación es una parte de un proceso más amplio que es la enseñanza, y que enseñanza, aprendizaje y evaluación son procesos limitados en un espacio –el aula–, en un tiempo –la jornada escolar– y bajo unas determinadas condiciones institucionales y profesionales.

La evaluación, como todo artificio externo (como la propia enseñanza escolar o los ámbitos de decisión colectiva en el seno de los centros y tantos otros aspectos institucionalizados) está ritualizada y aceptar esa condición ritual de la evaluación es un supuesto importante para conocer algo más acerca de cómo se realiza. Como mecanismo ritualizado, la evaluación de alumnos actúa desde supuestos que están profundamente asumidos por profesores y alumnos. ¿Cómo se produce esa especie de asimilación? Por otra parte, si profesor y alumnos cumplen roles diferenciales, ¿cómo llega a producirse la identidad de creencias relativas al funcionamiento y fines del proceso evaluador?

Si somos capaces de leer adecuadamente lo que pueda contenerse en las respuestas a las anteriores cuestiones planteadas, probablemente se suscitarán otras que nos aproximan al esclarecimiento de los mecanismos que tienden a asegurar la reproducción o transformación de las prácticas docentes y las creencias implicadas tanto en las prácticas mismas como en las vías para su adopción y/o transformación. Y ello, al final, nos refiere al modo en que opera el desarrollo docente, el abandono de las viejas rutinas profesionales y la adopción de otras nuevas, la consolidación de los saberes y las vías de elaboración de los juicios profesionales sobre la enseñanza.

Intentar indagar en el significado del concepto de evaluación en el ambito educativo es difícil, quizás porque, en ocasiones, la complejidad de la realidad, sus múltiples reflejos, la perspectiva diferente en la que cada uno de nosotros puede percibirla impiden una conceptualización precisa y de carácter universal. Por supuesto que podemos acudir a las definiciones y teorizaciones que se refieren a la evaluación educativa, pero ello bajo la consideración que tras cada definición hay una forma de entender y vivir la enseñanza, en un momento histórico y desde una racionalidad determinada.

Y, sin embargo, más allá de las definiciones y conceptualizaciones que, de nuevo, nos ordenan la realidad con nuevas etiquetas para hacerla más accesible –por ejemplo, y en el caso de la evaluación: continua, global, sumativa, formativa, inicial, final, procesual, cualitativa, cuantitativa– nos encontramos frente a lo que sucede en el aula, allí donde la evaluación, como ya he apuntado, se convierte en acciones y sensaciones de profesores y estudiantes, donde el éxito y el fracaso de la actividad cotidiana se explicita y se hace público y se convierte en éxitos y fracasos de las personas, en suma, allí donde, como otras muchas experiencias que no aparecen explícitamente diseñadas en las planificaciones de los profesores ni en el currículo oficial, hemos aprendido a ser valorados y hemos aprendido a valorar a los demás.

Partamos, pues, de la memoria sobre cómo aprendimos a ser evaluados porque, al fin y a la postre, esas fueron nuestras experiencias iniciales para aprender cómo deseamos y también cómo no nos gustaría evaluar a nuestros alumnos.

Sigamos a un alumno a lo largo de su escolaridad...

Los primeros aprendizajes (también en evaluación)

Nos situaremos en un aula de educación infantil en los primeros días de la experiencia escolar de ese niño o niña de, por ejemplo, dos o tres años. Después de los primeros momentos, de ese período inicial de adaptación a nuevos espacios, personas y sensaciones, probablemente presidido por el juego libre, las despedidas dolorosas de buena mañana, las reticencias hacia el educador y hacia los otros niños, el ajuste a un horario, a objetos novedosos, etc., llegará un momento en que nuestro protagonista comienza a darse cuenta que lo que allí hace o deja de hacer está controlado, que en gran medida se encuentra supervisado por la persona adulta responsable del aula y que, en muchas ocasiones, eso mismo que hace o deja de hacer merece comentarios y valoraciones por parte de esa persona adulta. En otras palabras, va aprendiendo que no siempre, en realidad sólo a veces, se puede hacer lo que se quiera cuando se quiera y que, además, casi siempre, lo que se hace merece la atención y el comentario del adulto.

Desde esta percepción de que lo que se hace en el aula es observado y valorado por parte del educador o educadora, el niño va pasando, casi sin darse cuenta, a la experiencia de comparar aquello que ha hecho o aquello que ha dejado de hacer frente a lo que hicieron otros compañeros y compañeras y, además, comienza a escuchar y comparar las valoraciones que realiza el educador sobre otros compañeros y compañeras con relación a las propias.

«Eso está muy bien, José Luis...»
«Me gusta mucho, Ana...»
«Presta un poco más de atención, Antonio...»
«Está bien, Marta, pero ahí te has salido un poco de la línea...»
«Miguel, hay que ayudar a recoger las cosas...»

Los anteriores son posibles comentarios del educador en esa aula de educación infantil en referencia a situaciones a las que se enfrentan, de forma cotidiana, los escolares.

En la mayor parte de las ocasiones, el educador previamente habrá impartido instrucciones para la realización de la actividad, habrá dejado claro a los niños qué es lo que se espera que hagan, con qué materiales, de qué manera. En otras ocasiones se trata de rutinas propias de la vida interna del aula (cuando habla el profesor hay que prestar atención, antes de salir al patio dejamos los materiales en sus respectivas cajas, antes de comer hay que pasar por el lavabo para lavarse las manos...) sobre las que no es necesario dar instrucciones en cada momento, simplemente se instalan como capítulo cotidiano desde los primeros días y luego quizás bastará un recordatorio en momentos puntuales.

Asimismo los escolares, esos niños y niñas de educación infantil que comienzan sus primeros contactos con la cultura escolar, desde este conjunto de actividades y rutinas, van interiorizando la experiencia de «trabajo» frente a la experiencia mucho más cercana –hasta el momento– y vivida de «juego». Efectivamente, dos son los factores fundamentales por los que el niño interioriza las diferencias entre juego y trabajo en el aula de educación infantil: por un parte, el factor de obligatoriedad y, por otro, la presencia de la evaluación.

En cuanto al factor de obligatoriedad, si hay una característica común a la mayor parte de conceptualizaciones que se hacen en torno al juego es su carácter de voluntariedad. En otras palabras, consideramos juego un tipo de actividad que el niño hace porque quiere, porque le produce satisfacción y, además, se trata de una actividad que puede abandonar en el momento que lo desee.

La actividad escolar, si bien es cierto que puede tener un carácter lúdico y en educación infantil ese carácter lúdico se presenta como un principio metodológico básico, también es cierto que no puede ser catalogada estrictamente como juego en la medida en que deja de ser voluntaria y, en general, no puede ser abandonada a libre voluntad por parte del niño. Nuestro protagonista, de esa forma, y desde esos primeros días de escolaridad, va asumiendo que construir bolas de plastilina de diferentes colores, que saltar al interior de un aro, pintar con pintura de manos, guardar los bloques de construcción cuando hemos acabado, etc., puede ser más o menos divertido o aburrido, más o menos fácil, pero, desde luego, no siempre es algo voluntario.

Asociado a ese carácter de obligatoriedad (suavizada por todas las formas de motivación que se quiera) quiero resaltar la existencia del juicio del adulto sobre la actividad que se realiza. Esa es otra de las diferencias fundamentales entre la concepción de juego y trabajo en el niño. Cuando el niño juega de forma individual y libre, en estos, sus primeros años de infancia, normalmente nadie le juzga, nadie puede decirle lo que está bien o lo que está mal en la actividad que está realizando y nadie puede hacerlo porque es el propio niño quien establece sus propias reglas de juego. Es cierto que el adulto, probablemente atendiendo a la seguridad del niño o de los objetos con los que pretende jugar, restringe las intenciones del niño, pero las reglas o la ausencia de reglas del juego sólo las conoce el niño que juega.

Cuando, por otro lado, observamos la actividad escolar, concluiremos que las reglas básicas las establece fundamentalmente el adulto, el educador, y que, además, la actividad y el resultado de la misma se juzga, se valora, desde la adecuación a dichas reglas con relación a las posibilidades y limitaciones de cada niño. Ya no se trata de la mirada distraída o protectora del adulto hacia el niño que juega, se trata de una mirada interesada hacia cada niño o niña en particular que merece un comentario individual.

Evidentemente el educador o educadora, en estos primeros años de escolarización, tendrá sumo cuidado en que sus comentarios sean constructivos, motivadores y que no supongan, en ningún caso, un menosprecio por el esfuerzo del niño ni comparaciones que vayan en detrimento de unos sobre otros. Desde esas condiciones, probablemente el período de educación infantil sea la etapa de la escolarización donde la evaluación se acerca más literalmente a aquella definición que daba Stufflebeam (1987, p. 19) como «el enjuiciamiento sistemático de la valía o mérito de algo» y ello en la medida en que siempre debiera tener ese carácter positivo de atender más al mérito que al demérito, más al acierto que al error.

También es posible que en estos primeros años de escolarización aparezca la reprimenda, castigo o refuerzo negativo, como quiera llamársele desde el discurso pedagógico, como respuesta del adulto ante determinadas conductas o formas de actividad que no se adecuan a las reglas explícita o implícitamente establecidas en el aula.

> «Elena, descansa un rato aquí a mi lado y cuando estés más tranquila hablaremos de lo ocurrido...»
>
> «Miguel, como hace días que no colaboras recogiendo las cosas, hoy no saldrás al patio hasta que no nos ayudes.»

Creo que resulta importante apuntar el hecho de que la mayor parte de las posibles reprimendas a los niños, en estos primeros años de escolaridad, tienen que ver con aspectos relativos a conductas puntuales que, o bien ponen en peligro la integridad física de sí mismos o de los compañeros (morder, pegar...) o bien suponen una subversión a las reglas establecidas para la convivencia y el quehacer cotidiano en el aula (recoger los materiales, molestar y distraer a compañeros, no hacer caso del educador o educadora...). En suma, desde las alabanzas, las correcciones y comentarios, el niño va introduciéndose en la lógica de la vida escolar, allí donde actividad y evaluación, o si prefiere, donde el hacer las cosas que hay que hacer y ser valorado por cómo se hacen casi siempre se encuentran unidas.

Es en este período, la educación infantil, donde de forma más diáfana podemos observar esa presencia continua de la evaluación integrada en la actividad escolar. A la cuestión de «¿qué haces para evaluar a tus alumnos y alumnas?» las respuestas de los educadores y educadoras fundamentalmente se centran en la observación y conocimiento de los niños y niñas en el día a día.

Veamos algunos ejemplos:

«Has de conocer profundamente a cada niño, porque cada niño es diferente, y vas observando su evolución, sus conquistas progresivas, a veces te sientas y tomas notas, pero en general, sólo con estar con ellos la mayor parte del día ya es suficiente como para saber cómo van avanzando. Cuando hay problemas hablo con los padres, por otra parte, los padres, habitualmente las madres, cuando vienen a recoger a sus hijos por la tarde pueden quedarse un momento si desean hablar conmigo.»

«¿Evaluar? Si te refieres a los informes a los padres o a las entrevistas con los padres, normalmente les hablo sobre cómo su hijo va evolucionando, qué hace en clase, cómo se relaciona con los demás, si tiene algún tipo de dificultad que no se corresponda con su nivel de desarrollo evolutivo... Los informes son una especie de escala con algunos de los aspectos que hemos trabajado en ese trimestre, ya sabes: que si identifica tales colores, que si controla tales conceptos (arriba-abajo-junto a...) y eso en términos de "nunca", "a veces" y "siempre".»

«Yo me baso en la observación y en el estar todos los días con ellos, los conoces muy bien. También cada niño tiene una carpeta donde va guardando sus trabajos, llevo un registro de cada niño donde voy apuntando aspectos relativos a sus comportamientos y actitudes sociales, a su desarrollo evolutivo y sobre la evolución de sus producciones, trabajos y todo eso. Normalmente tengo una entrevista con los padres cada trimestre.»

Quizás un observador ingenuo podría concluir que los modos y formas de evaluación en educación infantil, resultan, en general, tan sencillos «porque los aprendizajes en esos niveles son muy elementales». Si he definido al hipotético observador de ingenuo es porque no lo identifico como conocedor del ámbito educativo, de otra forma habría que definirlo como ignorante. Ni los procedimientos de evaluación apuntados son tan sencillos, ni mucho menos, los aprendizajes del niño en sus primeros años pueden ser considerados de elementales.

Conocer al niño, a cada niño y niña en particular, sus posibilidades y limitaciones, sus conquistas progresivas y tener la capacidad de hacer una pedagogía –de desarrollar un currículo– y de juzgar desde cada una de esas particularidades y, además, tomando como referencia los patrones marcados por el currículo oficial, la psicología evolutiva y del desarrollo y hasta de la pediatría, supone un conocimiento profesional profundo sobre aquello en lo que se está trabajando y, sobre todo, con quién se trabaja. No olvidemos, por otra parte, que los aprendizajes del niño de cero a seis años, son, con mucho, cualitativa y cuantitativamente los más importantes para su vida.

Atención... calificación

A medida que nuestro protagonista va ascendiendo en los peldaños del sistema educativo, y ya dentro de la enseñanza obligatoria, eso que podemos denominar la *cultura sobre la evaluación* o el *clima evaluativo del aula* se intensifica en la medida en que el niño y sus compañeros van siendo más conscientes de la existencia de procedimientos formalizados de evaluación. Los alumnos van descubriendo la importancia del juicio del profesor como algo que va mucho más allá del comentario más o menos informal en el aula. En suma, comienzan a diferenciar la trivialidad del comentario sobre la marcha del valor del comentario anotado.

Y de pronto, algún día, nuestro alumno se enfrenta a la gravedad de un ejercicio escrito llamado *examen* o *prueba* o *control* y quizás se percata de su valor por el carácter extraordinario que tiene dentro de la vida cotidiana en el aula, rompiendo algunas de las rutinas establecidas en el día a día, ya se sabe, mesas separadas, papel y bolígrafo... y ese silencio extraño que por un rato se instala en el aula mientras cada uno atiende a su papel o mira de soslayo al de al lado y trata de responder a las preguntas planteadas.

Cualquier otro día es posible que descubra el valor de ese cuaderno de clase cuando el profesor lo ha devuelto con algunas anotaciones en rojo y, sobre todo, va tomando conciencia de la importancia de eso que se llama «evaluación» cuando observa, por vez primera, su propio boletín de calificaciones donde, desde diferentes categorías, el profesor ha juzgado si progresa adecuadamente o si necesita mejorar, conciencia que se incrementa cuando ese boletín llega a casa (en realidad se lo han entregado en un sobre para llevarlo él mismo o se ha repartido a los padres en una reunión) para ser conocido y firmado y que genera reacciones y consecuencias diversas en el ámbito familiar. Y es que no sólo aprendemos sobre la evaluación desde nuestra experiencia en el aula. El valor que otorga la propia familia –los padres– a los juicios evaluadores de los profesores mediatiza, en gran medida, nuestros propios significados sobre el valor y alcance de esos juicios.

Y ahí comienzan los primeros escarceos con las calificaciones, a las que nuestro protagonista ya no abandonará hasta finalizar su escolaridad obligatoria y, si ha lugar, hasta el bachillerato y la universidad. Quizás al principio todo se reducía a un «bien», «regular», «mal», «correcto», «continúa así», «ánimo» en sus fichas y trabajos presentados y a comentarios más o menos amables del maestro, pero luego, en algún momento de los primeros meses del curso, como ya he apuntado, hace su aparición la cartulina ordenada en recuadros y plagada de PA («progresa adecuadamente») o NM («necesita mejorar»), incluso con anotaciones y observaciones del profesor que, en el caso de nuestro alumno, son algo parecido a esto:

> «En general va bien, es un tanto desordenado en sus hábitos de trabajo, le falta un poco más de constancia a la hora de realizar tareas un poco complicadas. Tiene que mejorar su caligrafía, vale la pena que la trabaje un poco cada día en casa. Se lleva bien con sus compañeros y suele participar en clase.»

De forma progresiva, aquello que en un principio nuestro alumno denominaba ejercicios individuales escritos los comenzará a nombrar como controles y más tarde exámenes, y sucesivamente de las anotaciones y correcciones de los ejercicios individuales se pasará al «bien», «regular» o «mal». Más tarde, en algún momento, aparecerán las calificaciones numéricas del control, normalmente y siguiendo la tradición en nuestro contexto, de cero a diez y a veces hasta con decimales.

Y bien, regular o mal, nuestro protagonista ya ha alcanzado la ESO. Muchas asignaturas, muchos profesores y, lo mejor, una tarde libre. A estas alturas de experiencia escolar ya se «domina» lo suficiente eso llamado *evaluación* como para asumir que profesores diferentes pueden evaluar de forma diferente, consecuencia por otra parte lógica de la evidencia de que profesores diferentes enseñan de formas diferentes. Y cada profesor, probablemente, comienza el primer día de clase hablando de su asignatura y de la evaluación.

> «Haremos exámenes, pero también voy a tener en cuenta que llevéis al día el cuaderno de trabajo. Periódicamente os los pediré para comprobar que lo lleváis al día. También espero vuestra participación en clase...»
>
> «Mirad, para mí, eso de las calificaciones y los exámenes no es lo importante, lo que importa es que aprendáis y que disfrutéis aprendiendo. Lo que quiero valorar con las calificaciones es vuestro interés y vuestro esfuerzo por conocer...»
>
> «Haréis un control después de cada lección. Eso valdrá el cincuenta por ciento de la nota. La libreta de problemas y los deberes contarán un veinticinco por ciento, vuestra actitud y comportamiento otro veinticinco por ciento...»
>
> «Todos tenéis un sobresaliente. A partir de ahora depende de vosotros mismos el mantener esa calificación con vuestro trabajo y esfuerzo o...»

Y nuestro amigo, en realidad, no tiene mayores problemas en desenvolverse en cada una de las culturas evaluativas que se instalan en el aula a lo largo de la jornada escolar. Y también va generando –o aumentando– su conocimiento sobre cómo sobrevivir desde cada una de ellas.

> «Vamos a ver, en el caso de historia de España es suficiente con «empollar» un par de días antes. ¿Literatura? Ese sí es un problema... Hay que leer libros, uno cada dos meses y hay que rellenar una ficha en clase sobre el libro. En matemáticas lo más importante es llevar al día el cuaderno de ejercicios. ¿Educación física? No hay que fiarse un pelo, de vez en cuando el profesor aparece con unas fotocopias sobre salud y luego viene el examen.»

El aprendizaje de la enseñanza

Tomemos ahora el ejemplo de una profesora y resumamos en unas pocas páginas su historial personal de aprendizaje sobre la evaluación como tarea profesional.

Nuestra protagonista finalizó sus estudios de bachillerato y COU allá por la mitad de los 70 y accedió a la familiarmente llamada *Escuela Normal* de su ciudad, oficialmente la Escuela Universitaria de Formación de Profesorado de EGB. Sus primeros contactos con la evaluación como campo teórico fue la asignatura denominada *Teoría y práctica de la evaluación.*

A través del desarrollo de las clases de esa asignatura, en paralelo a las de Programación didáctica, nuestra profesora -estudiante de magisterio por aquel entonces- fue descubriendo que eso de la evaluación era algo más, en realidad mucho más que poner exámenes, corregir trabajos y apuntar calificaciones. Algunos de sus descubrimientos más importantes:

- Programar la enseñanza significa la aplicación de un conjunto de pasos sistemáticos que clarifican absolutamente cuestiones tales como:
  - Cuáles son los resultados esperados de la enseñanza y cómo se pueden definir con la máxima exactitud en forma de conductas de los estudiantes.
  - Qué medios, actividades y tiempo prever para alcanzar esos resultados.
- La evaluación consistirá, pues, en la comprobación de si esos resultados, es decir, las conductas de los estudiantes, se adecuan o no a lo que se había previsto inicialmente.
- Si definimos correctamente los objetivos operativos (conductas observables de los alumnos) prácticamente ya tenemos definido el objeto de la evaluación.
- La evaluación puede ser una actividad científica si la comprobación de si los objetivos operativos inicialmente definidos se han alcanzado o no por parte del alumno se realiza a través de instrumentos objetivos de evaluación.

Descubrir que la evaluación podía tener ese carácter de objetividad y que la construcción de instrumentos fiables de evaluación era una tarea que implicaba un rigor metodológico extremo que atendiera a la fiabilidad, validez, objetividad, etc., en otras palabras, descubrir que la evaluación podía y debía ser una tarea científica que enlazaba estrechamente con otros ámbitos de la actividad profesional, especialmente con la programación por objetivos, fue un hito importante en la formación inicial de nuestra profesora. La enseñanza podía ser observada como una actividad intelectual y sistemática donde lo que se hacía en clase tenía sentido porque encajaba en un conjunto de pasos perfectamente planificados.

Los programas oficiales para la EGB, en la definición pormenorizada de objetivos en forma de conductas que los alumnos deberían de alcanzar al finalizar un curso o etapa, no eran sino el primer eslabón de una cadena que iba concretándose sucesivamente, hasta llegar a la definición de conductas observables desde los ámbitos cognitivo, afectivo y psicomotor (desde la conocida y útil taxonomía de Bloom).

Conceptos asociados a la evaluación sistemática y objetiva fueron los de evaluación diagnóstica (o inicial), continua y final, o el propio concepto de autoevaluación que introducía el reto de diseñar instrumentos a través de los cuales los estudiantes fueran capaces de medir por sí mismos su propio rendimiento.

Bien, pues, nuestra profesora pasó sin mayores problemas el examen (final) de Teoría y práctica de la evaluación, un examen extremadamente coherente con el enfoque de la asignatura (prueba objetiva que combinaba diferentes tipos de ítems, y de la que, una vez corregida, el profesor daba no sólo la calificación obtenida sino el lugar ocupado por dicha calificación en una distribución normalizada). Y pasando otros exámenes, trabajos escritos, trabajos de grupo, lecturas, etc., llegó a su período de prácticas en una escuela «de verdad».

Cuando la realidad no se ajusta a la teoría

Le «tocó en suerte» hacer las prácticas en la clase de una profesora de cuarto de EGB. No vamos a describir pormenorizadamente su primer contacto con la realidad en calidad de pseudoprofesora, sólo hablaremos del contacto entre su perspectiva de la enseñanza y la evaluación como actividad científica y la vivencia de la enseñanza como actividad cotidiana. Lo haremos a través de algunos párrafos escogidos de su diario de prácticas (obligatorio entregarlo como parte de la memoria de prácticas, junto con una programación que debía incluir, cómo no, los procedimientos de evaluación).

«La profesora *X* ha puesto a mi disposición su programación anual. La tiene en una carpeta en un cajón de su mesa. Señala que si el inspector de la zona visita el colegio, entre otras cosas, comprueba que la programación se sigue y que más o menos está al día. Por otra parte, si se pusiera de baja la programación serviría de referencia a la persona que la sustituya.

[...]

La programación está basada en los programas oficiales, aunque la profesora dice que lo más sencillo es adaptarla a cómo están organizados los libros de texto y que, con el libro del profesor que acompaña al libro de los alumnos, es muy fácil definir los objetivos, plantear actividades y distribuir los tiempos, al menos en esa programación anual. En realidad esa programación es la misma desde hace un par de años. La programación anual sigue el modelo de objetivos aunque a veces es difícil diferenciar entre objetivos y actividades.

[...]

La profesora *X* también dispone de programaciones bimensuales en las que se concreta un poco más lo que aparece en la programación anual. En realidad no hay una operativización de objetivos, sino que son las actividades y materiales los aspectos que están más concretados. Ella dice que esas programaciones son como guías que le sirven para organizar la semana. Señala que no hay una mayor concreción de los tiempos porque a veces "te puedes detener más tiempo en unos temas o actividades que en otros" o a veces "los alumnos tienen más dificultades de las que habías previsto".

[...]

En cuanto a la evaluación, la profesora dispone de una especie de cuadro de doble entrada donde figuran todos los alumnos de la clase en los que va anotando calificaciones de fichas que van haciendo en clase y calificaciones de controles. Aparte, dispone de un registro de observaciones de cada alumno donde va anotando aspectos relativos a conductas, dificultades de aprendizaje, etc. Señala que esto le sirve no sólo para evaluar actitudes y comportamientos, sino también como recordatorio para cuando tiene entrevistas con los padres.

[...]

Las fichas que sirven de base para la evaluación vienen con el libro de texto. Normalmente se trata de actividades y ejercicios que los alumnos completan con el libro delante. Las hay de dos tipos: individuales y grupales. En cuanto a los exámenes, la profesora me enseñó varios modelos. Normalmente se trata de preguntas cortas, cinco o diez, en el caso de las matemáticas se trata de operaciones y problemas.»

Nuestra estudiante de magisterio, en esas semanas de prácticas, también experimenta algunas sensaciones que no aparecen en su diario de prácticas. A saber:

- Que probablemente el diseño o programación de la enseñanza y la evaluación puede ser científico, pero que la enseñanza día a día en el aula no tiene muchos elementos para ser identificada como científica. Por ejemplo, de vez en cuando hay que improvisar sobre la marcha, que resulta difícil mantener el orden y la disciplina (sobre todo cuando la profesora «real» abandonaba el aula), que es difícil ser objetiva cuando estás ante el grupo de alumnos y alumnas (en el sentido de que hay niños que te caen mejor y otros peor), que hay acontecimientos que rompen la marcha del aula y que te rompen la minuciosa programación (el día que rompió a llover torrencialmente en mitad de un recreo), y así un largo etcétera de vivencias y experiencias que venían a estropear ese boceto de orden y sistemática con la que una se imaginaba dando una buena clase.
- Que lo que en un principio era una especie de consideración de anticuada o quizás tradicional sobre la profesora del curso, después de estar varias semanas en clase la imagen variaba. De pronto se iba dando cuenta de que la profesora conocía bastante bien a cada niño en particular, que era capaz de organizar el día a día según una rutina que parecía eficaz para avanzar y que antes de proponer una actividad sabía calcular con bastante exactitud el tiempo que iba a suponer y los problemas que podían surgir.
- Que no era tan fácil «dar clase», mantener la atención del grupo era complicado. Actividades supuestamente de motivación diseñadas al comienzo de la clase no suponían mucha motivación, actividades que en la planificación figuraban con un tiempo de diez minutos resultaba que algunos niños las finalizaban en apenas cuatro y que otros parecían necesitar media hora. Y lo peor, aquella ocasión en la que tenía que escribir en la pizarra la palabra *reloj* y en el momento de coger la tiza le entró la duda de si *reloj* se escribía con *g* o con *j*... y se equivocó.
- Que era sencillo corregir las fichas con actividades sencillas, que era sencillo corregir las operaciones y problemas de matemáticas, pero que no resultaba tan sencillo valorar los trabajos de grupo, ni las redacciones (más allá de corregir las faltas de ortografía), ni los murales, ni eso que definía en su programación como *objetivos conductuales del ámbito afectivo*. Incluso le quitó un peso de encima el saber que no tenía que tomar decisiones sobre las evaluaciones trimestrales de los alumnos (después de todo, quizás no estaba tan mal el registro de observaciones que llevaba la profesora).

- Por último, la sensación de que aquel trabajo era duro, sobre todo tener que volver después de comer, casi haciendo la digestión, y trabajar un rato más hasta las cinco. A veces parecía que la jornada no tenía fin, sobre todo las tardes de las primeras semanas. Pero también la sensación, más hacia el final de las prácticas, que había días que salían especialmente redondos. Que los niños habían estado haciendo cosas con las que habían disfrutado o habían participado o se habían interesado o que, simplemente, habían aprendido. Era la experiencia gratificante de haber respondido a una pregunta de un niño y haber interesado a todos, o la de haber puesto un buen ejemplo durante una explicación, o de haberse sentido partícipe junto al resto de la clase de los descubrimientos de ese día. La sensación de que ese día había sido corto y que sólo por el «hasta mañana» de cada uno de los niños y niñas valía la pena acudir al día siguiente.

Nuestra aspirante a profesora finalizó sus prácticas y, por fin, con ellas, la carrera. ¿Y luego? A estudiar para preparar oposiciones.

Se presentó a las oposiciones con todos sus conocimientos teóricos y prácticos, así como con una regla y un cartabón y bolígrafos de diferentes colores, con el objetivo de realizar el ejercicio de diseñar una programación que, por supuesto, fue modélica en cuanto a los epígrafes y subepígrafes que debía contener. Aprobó la oposición y como profesora de EGB de la escuela pública comenzó su andadura profesional.

Cuando la teoría se construye desde la experiencia

Una de las primeras experiencias en su primera escuela fue la de comprobar que, al menos en ese centro, los profesores y profesoras no estaban demasiado coordinados. Cada uno llevaba su marcha en clase, cada uno probablemente tenía su programación, y las reuniones de ciclo normalmente tenían un marcado carácter administrativista (de papeles que había que rellenar, poner al día actas y libros de escolaridad, estadísticas para...). Por otra parte, visto desde otra perspectiva, con los programas oficiales en la mano y más o menos siguiendo los libros de texto, cada profesor se organizaba su curso y parecía existir continuidad en aquello en lo que uno finalizaba y en lo que comenzaba el siguiente.

Pero volvamos al tema de la evaluación. Nuestra profesora recuerda esos primeros años como «los más difíciles».

> «De pronto te vas dando cuenta de que no es tan fácil evaluar, puedes calificar exámenes, trabajos, puedes utilizar una escala de observación, registros anecdóticos... todos los instrumentos que quieras... pero al final has de tomar una decisión en cuanto a la calificación final. Eso en la mayor parte de las ocasiones es fácil pero lo más complicado es cuando tienes algunos alumnos que no han alcanzado los mínimos. Al principio me pasaba días y días pensando cómo solucionar el problema de la evaluación de algunos niños particularmente conflictivos.

Luego está el tema de los padres. Todos esperan que les digas que sus hijos van bien y si les dices que son lo mejor de lo mejor, pues mejor. Es difícil explicar a unos padres que su hijo tiene dificultades de aprendizajes, más cuando esas dificultades son serias. Ellos probablemente lo saben, pero piensan que eres tú, como profesora, la que ha de poner los remedios para que su hijo mejore. Peor aún es enfrentarse a padres que pasan de todo o aquellos que no entienden o no quieren entender los problemas y dificultades que presentan sus hijos.

[...] Tienes que tomar la decisión si recomiendas que un alumno pase o no al siguiente curso. Es una decisión colegiada, pero todos te miran a ti como profesora del grupo, y entonces piensas y valoras que el niño no tiene los mínimos y que el año que viene, si lo paso, va a ir muy retrasado, eso sin contar con las dificultades que tenga el profesor que le corresponda. Pero también piensas que si no le pasas su autoconcepto se va a ir por los suelos, o que va a abandonar a su grupo, a sus amigos de siempre y se puede hundir... En fin, es una decisión muy difícil... al principio me angustiaba.»

Efectivamente, nuestra profesora vive el hecho de que la evaluación no sólo es un problema técnico (qué instrumentos, cómo aplicarlos, qué capacidades de referencia...) sino que también es un problema ético y que ambos aspectos, técnico y ético, tienen que ver con el desarrollo de la profesión.

Al mismo tiempo, en esa historia de desarrollo profesional y desde los sucesivos cambios de centro escolar, la profesora va aprendiendo que en cada centro hay una especie de cultura organizativa particular, de hábitos colectivos y de formas de proceder que en ocasiones posibilitan una enseñanza coordinada con otros colegas, incluso una evaluación que en sus criterios básicos puede ser compartida y que, además, es positivo que así sea. El caso es que esa historia de desarrollo profesional de nuestra profesora es, también, la historia de cómo va construyendo y reconstruyendo su propio sistema de evaluación.

«Primero, porque has de adaptarlo a la clase que tienes. Puedes pensar, cuando acabas un curso, que gran parte de lo que tienes te sirve para el curso siguiente. Incluso comienzas el curso bajo la hipótesis de que las cosas van a ir más o menos igual que el año anterior. Pero pronto te das cuenta de que es diferente, a veces incluso muy diferente. Y claro, has de adaptar los tiempos, las actividades, los ritmos de trabajo a ese grupo en particular. Revisar, entonces, cada elemento, y por supuesto también aquello que has de tener en cuenta a la hora de evaluar, te puede servir para mejorar, al menos es lo que intentas. Aunque a veces te equivocas...

Y, segundo, porque siempre encuentras cosas que necesitan mejorar para que progresen adecuadamente. No sé, puedes pensar que has dedicado demasiado tiempo a corregir libretas y que hay que buscar otro método... Lo que no puede ser es que te pegues palizones los fines de semana con una libreta detrás de otra. A veces te das cuenta de que determinado tipo de aprendizajes se podrían evaluar de otra forma, o que los informes a los padres deberían tener otro formato. Te das cuenta de las actividades en las que los alumnos se encuentran más a gusto y tratas de valorarlas de otra manera.

Bien, por el momento abandonemos a nuestra profesora antes de que se apropie del capítulo completo. La volveremos a reencontrar en otros capítulos y especialmente cuando indaguemos acerca de su sistema de evaluación.

Y bien, ¿qué es evaluación?

Después de las ejemplificaciones anteriores podría parecer apropiado describir –que no definir– la evaluación como un conjunto de experiencias y vivencias de profesores y alumnos que tienden a tratar de evidenciar o constatar determinados aprendizajes del alumno (unos y no otros) con la finalidad de juzgarlos. Puede parecer sencillo, pero no lo es. Y puede parecer sencillo porque la descripción, aun siendo posiblemente acertada, es tremendamente limitada, reduciendo el ámbito de la evaluación a un asunto entre profesores y alumnos. Y eso no es exactamente así.

Describir la evaluación como el problema de derivar juicios sobre el aprendizaje de los estudiantes con el fin de mejorar y adaptar nuestra enseñanza a los ritmos y posibilidades de dichos alumnos significa optar por un significado absolutamente válido y necesario de la evaluación pero que, planteado como significado exclusivo, olvida otros significados importantes, por ejemplo el papel social y político que conlleva la evaluación de estudiantes. Podrá argumentarse que esos significados, sociales y políticos, básicamente se refieren a la calificación del rendimiento de los estudiantes y que eso no es evaluación, de tal forma que los juicios sobre el alumno en el aula forman parte de un proceso que es ajeno a los juicios «normalizados» que aparecen en las actas de evaluación o en el libro de escolaridad. Lo cierto es que detrás de esa evaluación que sirve para mejorar y adaptar la enseñanza y también detrás de esa calificación que en forma de «progresa adecuadamente» o quizás del «bien» que aparece en el boletín de calificaciones hay un mismo profesional. Y la decisión de poner un «progresa adecuadamente» en lugar de un «necesita mejorar», o de poner un «bien» en lugar de un «notable» viene determinada por el proceso de evaluación en el aula, aunque sus consecuencias sobrepasen aquello que ocurre en el aula o, si se prefiere, la esfera relativa a la enseñanza y al aprendizaje. De esta forma, el «progresa adecuadamente», por mucho carácter administrativo que se le otorgue, también representa un juicio al que se le supone fundamentado.

Por supuesto que un buen profesor no evalúa para calificar, pero necesariamente ha de calificar y para ello debiera basarse en la evaluación. En otras palabras, evidenciar o constatar los aprendizajes alcanzados por un alumno es indispensable para mejorar nuestra enseñanza y las situaciones de aprendizaje que diseñamos para nuestros alumnos, pero también forma parte de la obligatoriedad de informar de dichos avances dejando constancia oficial de los mismos.

Así, pues, completaré la descripción de evaluación de alumnos, enmarcándola en la caracterización que ofrecía sobre la escuela al comienzo de este capítulo, de la forma siguiente: como un conjunto de experiencias y vivencias de profesores y alumnos que tienden a tratar de evidenciar o constatar determinados aprendizajes del alumno (unos y no otros) con la finalidad tanto de mejorarlos como de juzgarlos desde un marco institucional que regula, distribuye y valora el conocimiento que dichos juicios toman como referencia.

Optar por una caracterización sobre evaluación como la anterior no resuelve los problemas que ésta plantea a los profesores (y a los alumnos y a las familias) pero, como dice Stenhouse (1984, p.25) con respecto al concepto de *currículo*, «sugiere perspectivas para considerarlos». El concepto, por ejemplo, de *alumno desaventajado* ¿es una construcción social derivada de la «evaluación-en-el-aula» o se trata de una premisa previa a la que se enfrenta el profesor consecuencia de la estructura social «fuera-de-la-escuela»? ¿O quizás no es sino una denominación escolar que viene a legitimar la estructura social de referencia?

Integración entre el clima educativo y cultura evaluativa en el aula

¿Es posible pensar en una evaluación de alumnos que se encuentre integrada en los procesos de enseñanza en el aula? ¿Podríamos diseñar un proceso de evaluación que no se encuentre separado –por las características extraordinarias de los instrumentos utilizados y de la situación que genera dicha utilización– de los procesos de enseñanza, del «dar clase»? Por supuesto que es posible, habitualmente esto ocurre en educación infantil y en los primeros niveles de la educación primaria. Es la observación de los alumnos, el seguimiento de las realizaciones cotidianas, el planteamiento de preguntas en clase, etc., aquello que suele dar pie a una recogida constante de información sobre el progreso del alumno y la toma de decisiones sobre su mejora. La pregunta entonces es ¿qué sucede para que, progresivamente, se vayan separando los ámbitos de realización de la enseñanza y la evaluación? En otras palabras, ¿por qué progresivamente vamos necesitando de instrumentos más centrados en comprobar productos de la enseñanza diferentes a los utilizados para desarrollar los procesos de enseñanza?

Yo creo que lo que podemos denominar la *presión de la evaluación* no sólo es aplicable al alumno cuando se enfrenta al problema de rendir cuentas de su aprendizaje, igualmente los profesores sufren una presión de la evaluación en el sentido de rendir cuentas a la institución, a los padres, en última instancia a la sociedad, sobre el aprendizaje –el rendimiento– de cada uno de sus alumnos. Esa presión se concreta sobre todo en las regulaciones institucionales sobre los momentos en que la evaluación ha de hacerse pública bajo determinado formato en forma de calificación y la necesidad de informar sobre el avance (en el sentido acumulativo del término) del estudiante.

Una evaluación formativa, esto es, aquella que representa un juicio que ayuda al alumno a mejorar y avanzar en su aprendizaje, es posible en un clima de comunicación fluido y sin amenazas. Entre otras cosas, ayudar al alumno a mejorar su aprendizaje significa poder escucharlo, es decir, que el alumno pueda manifestar libremente su propia perspectiva, sus posibilidades y limitaciones sobre lo que aprende y cómo lo aprende y, por supuesto, debatir con el profesor sobre cómo avanzar en ese proceso de construcción de conocimientos. En educación infantil y en los primeros niveles de primaria «escuchamos» a los alumnos a través de sus expresiones y realizaciones, por sus formas de actuar y pensar y probablemente vamos ajustando nuestra actividad, nuestras propuestas didácticas a ese ritmo marcado por el desarrollo del niño. Sin embargo, conforme el contenido de la enseñanza –aquello que hay que enseñar– se va separando cada vez más de las necesidades «naturales» de los niños y se constituyen en «necesidades sociales o académicas» resulta más complicado establecer ese diálogo mutuo.

Veamos un ejemplo. Desarrollar capacidades de expresión escrita en el niño de cuatro años puede significar situar al niño frente al papel con pintura de ceras, colores o rotuladores y pedirle que dibuje una carta a los Reyes Magos o la comida que más le gusta; significa, también, sentarse con él, a su misma altura y hablar sobre el dibujo, nombrar lo que aparece en el dibujo, preguntar los porqués de determinados objetos o personas que aparecen, identificar el garabato que representa su nombre... Desarrollar capacidades de expresión escrita en el niño de ocho años significa situarnos frente a una producción escrita –un texto– que valoraremos tanto desde criterios de producción personal con un valor intrínseco, pero también desde criterios académicamente establecidos.

> «Me gusta mucho tu carta a los Reyes Magos... pero fíjate que tienes que mejorar la letra... atento a estas faltas de ortografía... tu nombre se escribe con mayúscula...»

Poco a poco, cuando el conocimiento académico se va alejando de la experiencia cotidiana, resulta tanto más sencillo acomodarse a una evaluación que obvia los valores intrínsecos de los trabajos de los alumnos como producciones personales y se centra mucho más en los criterios académicamente establecidos. Y en ese punto el diálogo es difícil porque no suele haber posibilidad de diferentes interpretaciones: las cosas o están bien o están mal. El diálogo, en el mejor de los casos, se centrará en la explicitación, por parte del profesor, de los criterios utilizados para la evaluación y la negociación con los alumnos de las razones y el valor de dichos criterios, y su aplicación, por uno y otros, en las tareas cotidianas de clase, lo cual es de suma importancia para establecer un clima de evaluación en el aula que no separe radicalmente los momentos de enseñanza de los momentos de evaluación.

Por supuesto que no es sólo un problema de separación entre el contenido académico y la vida fuera del aula, también las presiones familiares y sociales sobre la evaluación como calificación sentidas por el profesor y sus alumnos establecen un marco que potencia que una cosa sea la enseñanza y otra cosa sea cómo se (com)prueba el rendimiento del alumno. Cuando un padre observa a su hijo estudiando el tema de la fotosíntesis o formulación química, la guerra de los 100 años o un problema sobre la energía calórica podría pensar que todo eso está bien que lo estudie y aprenda «para sacar mejores notas» e incluso insiste en que le dedique más tiempo de estudio, diciéndole «lo que no puede ser es que el día antes del examen te pegues el atracón de estudiar... ¿No podías haber comenzado antes?». En ese sentido, las familias disponen, más allá del boletín de calificaciones y las entrevistas puntuales con el profesor, de una información sobre los avances académicos de sus hijos a través de la observación de cómo estudian, lo que estudian y sobre cómo ha salido el examen. No es habitual que los padres protesten sobre la injusticia de la calificación de su hijo, pero ¿no lo hacen simplemente porque piensan que hay exámenes e instrumentos más o menos precisos desde los cuales, pueden concluir, deriva la calificación? o ¿no lo hacen porque asumen las decisiones del profesor como decisiones profesionales basadas en la observación cotidiana de su hijo?

En mi opinión, cuando el peso o importancia social de la calificación no es grande, nos fiamos del profesor, incluso admiramos la profesionalidad de ese docente que, a través de la entrevista, nos demuestra que conoce profundamente a nuestro hijo. Conforme nuestro hijo -y nosotros con él- va ascendiendo en los peldaños del sistema educativo parece como si prefiriéramos «pruebas concluyentes» del rendimiento escolar más allá del conocimiento que el profesor pueda tener sobre nuestro hijo desde la actividad cotidiana en el aula.

Hay otras circunstancias que dificultan la integración de los procesos de evaluación en la enseñanza. Por ejemplo, la división administrativa del curso en períodos de evaluación, asociado al acto de entregar notas, representa otro de los factores que propicia esa especie de consideración terminal y especial de la evaluación con relación al proceso de enseñanza, entre otras.

> *La masificación de la docencia, las repercusiones que tiene en el conocimiento del alumno, el que sean varios profesores quienes impartan las áreas del currículo son, entre otras, condiciones negativas para esa evaluación integrada, apoyada en el conocimiento directo.* (Gimeno, 1992, p. 395)

Continuando con Gimeno (1992, pp. 395-397), el autor nos propone algunas de las estrategias que suponen un vínculo más estrecho entre evaluación y enseñanza:

1. *Incorporando preguntas clave en el estudio de textos o unidades, llamando la atención sobre informaciones concretas, sobre la existencia de un principio relevante, o sobre el sentido general que el alumno debe descubrir y comprender, contestando por escrito u oralmente una vez ha comprendido ese texto [...].*
2. *La programación de unidades de contenido o de tareas concretas, con un calendario y un plan de trabajo fijado en una agenda, diario personal, de grupo o clase, donde se establece un compromiso escrito, que puede seguirse en su cumplimiento, facilita al alumno la autoevaluación y dan al profesor noticia de cómo va cumpliendo el trabajo asignado [...].*
3. *El seguimiento de las tareas académicas es una fuente natural de conocimiento directo e inmediato sobre cómo trabaja el alumno.*
4. *Es conveniente, por necesidades del aprendizaje de los contenidos y para favorecer la expresión a través de medios diversos, que las actividades académicas se reflejen en producciones de algo [...]. La evaluación de ese trabajo sirve al alumno para corregirse.*
5. *[...] La evaluación que llamamos informal adquiere más sentido y vigencia cuando el proceso de enseñanza se ocupa de contenidos y actividades sustanciosas y atractivas. Una evaluación humanizada y coherente sólo es posible, seguramente, cuando exista un currículo y unos métodos interesantes para los alumnos.*

6. *Las preguntas diagnósticas, sin la finalidad de calificar al estudiante, los comentarios en clase o en pequeños grupos de trabajo, son una base fundamental para conocer el grupo y cada uno de sus miembros.*
7. *Hay que planificar el trabajo y no la evaluación. [...] Hay que evitar que la dosificación del estudio y cumplimiento de tareas la haga el alumno en función de la evaluación formalmente planteada y planificada.*
8. *Establecer estrategias profesionales en los docentes para facilitar que el grupo de clase trabaje autónomamente, una vez que se ha marcado un plan.*
9. *Quitándoles el carácter de examen que determina el resultado final, dentro de un clima pedagógico apropiado, las pruebas formales pueden servir de ayuda para recordar y también para aprender.*

En todo caso, intentar establecer un vínculo más estrecho entre enseñanza y evaluación pasa, en primer lugar, por hablar sobre la evaluación en el aula. Manifestar a los propios alumnos los problemas y dificultades que, como profesores, a veces tenemos para poder derivar juicios sobre sus actividades y realizaciones, poner sobre la mesa aquello que nos gustaría hacer y lo que realmente podemos hacer, invitarles a manifestar cómo les gustaría ser evaluados y tratar de alcanzar significados compartidos en torno a las diferentes formas y técnicas de evaluación. La situación no es fácil, probablemente llega un momento de la escolaridad que se tiene tan asumido el papel certificador del rendimiento que asume la evaluación que, como alumno, uno estudia no por aprender sino por alcanzar una calificación. Y no olvidemos ni por un momento que esa aspiración por aprobar es absolutamente legítima por parte del alumnado. Planteemos el asunto desde otro punto de vista. ¿Es posible que, si no existieran calificaciones, nuestros alumnos y alumnas se esforzaran al menos de igual manera en su trabajo escolar? o ¿es posible que si no existiera la necesidad de poner calificaciones en los boletines y actas el proceso de evaluación estuviera más firmemente integrado en las tareas cotidianas del aula?

Lo cierto es que, más allá de las situaciones imaginadas, el profesor ha de calificar y ha de basarse en la evaluación, una calificación que es pública y que por su formato (una o dos palabras) impide reflejar en toda su complejidad aquello que el juicio y la información recopilada significan. Pero probablemente para eso también está la enseñanza, el «dar clase», para dotar de significado y complejidad, a través de la comunicación entre el profesor y sus alumnos, y del profesor y cada alumno individual, a aquello que figura como un «progresa adecuadamente», un «suficiente» o quizás un «insuficiente».

Escuela, sistema social y evaluación

Preguntarse sobre las funciones (y utilidad) de la evaluación significa, también, preguntarse sobre las funciones de la escuela. En este punto conviene recordar las dos funciones que cumple la escuela, que ha venido cumpliendo desde que fue inventada, al menos tal y como la conocemos en la actualidad.

Por una parte se trata de propiciar el desarrollo intelectual de todas y cada una de las personas, de los niños y niñas, que allí acuden. Esto es, desarrollar la capacidad de comprender, de pensar, de tomar decisiones, de comunicarse, de conocer, etc. Y entonces les ayudamos a desarrollar determinadas capacidades cognitivas, efectivas, sociales, les ayudamos a aprender a leer, escribir, matemáticas, lengua, idiomas, educación física, etc. Les enseñamos desde una concepción constructivista del aprendizaje o a veces desde una concepción que se acerca más al conductismo, y también propiciamos en el aula una determinada cultura sobre la evaluación.

Pero por otra parte, y quizás esa es la inversión social más interesada de la escolarización obligatoria, se trata de propiciar la integración y cohesión social, entre otros aspectos, haciendo que los niños y las niñas tomen conciencia de que cuando vivimos en colectivo hay normas, derechos y deberes, que regulan las actividades de los sujetos particulares que componen ese colectivo. Normas en torno a la convivencia, la participación, la autoridad, el trabajo, etc. Normas, comportamientos y también formas de ver y enfrentarse a la realidad que en ocasiones están escritas, y en otras no, pero que constituyen una especie de moral social cuya finalidad es propiciar la integración y cohesión social.

En ese sentido, la escuela se constituye en uno de los pilares ideológicos del estado de derecho y de una sociedad democrática, siempre que no olvidemos que una sociedad democrática no necesariamente es, en realidad casi nunca lo es, una sociedad justa.

Cuando nos preguntamos acerca de qué enseñan y qué evalúan las escuelas, se hace necesario introducirse en el problema del conocimiento escolar. No se trata simplemente de definir aquello que las escuelas tratan de enseñar, cómo deben hacerlo y cómo deben evaluarlo, sino de relacionarlo con el marco social de referencia que da sentido o valor a que aquello que se enseña tenga que ser enseñado, es decir, que adquiera el rango de conocimiento escolar. En otras palabras, ¿por qué la escuela enseña unas cosas y no otras?, ¿qué valor social tiene aquello que se enseña en la escuela?

Ante la pregunta de qué enseñan las escuelas, la primera respuesta que suelen dar mis propios alumnos y alumnas de didáctica es la más razonable que se pueda apuntar: las escuelas enseñan cultura.

Sin embargo, el problema surge cuando tratamos de delimitar el concepto de cultura. De acuerdo que aprender matemáticas elementales en la escuela primaria es introducirse en la cultura, pero también lo es ver un programa del *National Geographic* en la televisión, o quizás una película de Carlos Saura. Pero, ¿resulta también consumo de cultura un partido de fútbol, leer un cómic de Mortadelo y Filemón, ver una película de Stallone o montar en bicicleta?

Quizás se podría argumentar que, en un caso hablamos de alta cultura, y en otros de cultura del ocio, cultura popular, y hasta de subculturas, y que, por lo tanto, a la escuela le compete enseñar cultura universal y alta cultura.

Raymond Williams (1961, p. 57) establece tres categorías generales en la definición de cultura:

1. La cultura como estado o proceso de perfección humana, en términos de ciertos valores absolutos o universales.

2. La cultura como conjunto de aportaciones imaginativas e intelectuales, por el que, en una forma particular, el pensamiento y la experiencia humanos son registrados de forma variada.
3. La cultura como la descripción de una forma particular de vida, que expresa ciertos significados y valores sobre la vida social.

Lo cierto es que las teorías de la educación parecen haberse interesado más por la primera y segunda nociones de cultura, derivando hacia una especie de consideración de que la enseñanza escolar trata con la alta cultura, produciéndose de esta suerte una especie de identificación entre contenido escolar y cultura escolar como avance o estado de las disciplinas y, en última instancia, como saberes objetivos de valor universal.

Sin embargo, las relativamente recientes aportaciones de la sociología curricular nos introducen en la idea de que aquello que la escuela enseña, el currículo escolar, es una selección cultural que viene a expresar, en realidad, distribuir y valorar, ciertos significados y valores sobre la vida social.

Evaluación, currículo oculto y fracaso escolar

Cualquier observador situado frente a los programas oficiales, frente al currículo de algún centro escolar, o frente a la planificación anual de cualquier profesor o profesora, posiblemente tendrá una visión, más o menos panorámica, de aquello que la escuela parece dispuesta a enseñar, al menos de aquello que se hace público mediante un documento escrito.

Sin embargo, ese mismo observador, situado, en esta ocasión, frente a aquello que ocurre diariamente en cualquier centro escolar, o acompañando a cualquier alumno o alumna en un día cualquiera de clase, fácilmente concluirá que en la escuela tienen lugar más aprendizajes que los estrictamente marcados en los sucesivos documentos escritos y declaraciones de intenciones.

Eggleston (1980) define el currículo como la presentación de las experiencias de conocimiento y aprendizaje en la escuela, «aun cuando la relación entre esa realidad y las declaraciones curriculares sea evidentemente problemática». En otras palabras, la relación entre nuestras intenciones y la realidad, entre lo que queremos enseñar y lo que realmente enseñamos y aquello que los alumnos aprenden no es una relación causal, es algo mucho más complejo que lo que pueda derivarse del binomio causa-efecto.

Es Jackson (1991) quien acuña el término de *currículo oculto* para describir el conjunto de vivencias implícitas a las instituciones escolares que, no estando sometidas a un proceso consciente y deliberado de planificación por parte de los profesores, también producen aprendizaje en los alumnos, aprendizaje que, en la mayor parte de las ocasiones, se encuentra en íntima relación con los procesos de socialización de los que la escuela es responsable.

Algunas de las «vivencias» del alumno planteadas por Jackson y por el mismo Eggleston que podrían definir ese currículo oculto son, por ejemplo, el aprendizaje en vivir en multitudes, el aprendizaje de la pasividad o «escaqueo», el aprendizaje en aceptar las valoraciones de los demás, el aprendizaje de la competencia para agradar o demostrar algo, el aprendizaje sobre la vida en una sociedad jerárquica, etc.

Dichas vivencias (compartidas, a otro nivel, por los docentes) contribuyen a definir y dar significados a la situación de enseñanza, y tienen como finalidad adaptarse a la vida escolar bajo la posibilidad de superarla con éxito.

Así, pues, alrededor de lo que entendemos por *enseñanza* y *aprendizaje* hay implicado mucho más que profesores, alumnos, contenidos y unos procesos de «evaluación sobre el aprendizaje». Hay un conjunto de reglas internas que definen «una vida escolar adecuada», donde se le pide al alumno que responda, según las circunstancias, de formas diferenciadas: a veces participando activamente en las discusiones de grupo, en otras tomando notas de lo que se está escribiendo en la pizarra, en otras con brazos cruzados y guardando silencio, en otras saliendo en fila y en silencio, en otras corriendo alrededor del patio y haciendo gimnasia, etc. Y todo ello en un marco donde se evalúa y califica al alumno y ello con repercusiones que van más allá de una mejor enseñanza o aprendizaje en el interior del aula.

Por todo ello, uno, como alumno, desde que entra en la institución escolar, va aprendiendo progresivamente tres principios básicos para su supervivencia en la escuela:

1. Las reglas internas a la escuela y al aula.
2. Las formas de demostrar que se cumplen dichas reglas de la mejor manera posible.
3. Las formas de, en ocasiones, violar o eludir dichas reglas con el mínimo riesgo.

Ejemplo de aprendizaje de las reglas internas a la escuela y al aula lo tenemos en el interesante y revelador trabajo de Apple y King (1983, pp. 37 y ss.) sobre la socialización del niño en las clases de la escuela infantil, en un proceso de negociación de significados, desde el primer día de clase, hasta alcanzar una definición común de la situación, resultado de la interacción.

> *Cuando se ha aceptado un conjunto común de significados sociales, las actividades de la clase discurren con fluidez.* (Apple y King, 1983, p. 44)

En ese sentido, podríamos preguntarnos si el mayor éxito de los alumnos del primer año de la escolaridad obligatoria, que pasaron por la escuela infantil con respecto a los que no pasaron, es debido tanto a la valoración que el profesor hace sobre conocimientos y capacidades adquiridos en la escuela infantil, como fundamentalmente a los procesos de socialización escolar (estar callado en clase, no levantarse de la silla, no romper el material, no llorar, etc.) vividos con anterioridad y asumidos ya como parte de la cultura escolar.

En cuanto a las formas de demostrar que se cumplen dichas reglas de la mejor manera posible, podemos acudir, como ejemplo, a la capacidad que algunos alumnos y alumnas tienen de transfigurar su rostro y convertirlo en la evidencia más absoluta de concentración, comprensión y atención, incluyendo leves movimientos afirmativos de la cabeza, cuando lo cierto es que su mente se encuentra a varios años luz de lo que está sucediendo en esa clase. Capacidad, por otra parte, que algunos profesores adquirimos y entrenamos cuando éramos estudiantes y que con el tiempo hemos continuado ejercitando, incluso con mejoras adicionales, en algunas reuniones de departamento, de claustro, seminario, consejo escolar, etc.

Por último, en cuanto al aprendizaje de las formas de violar o eludir las reglas con el mínimo riesgo, sólo pondré el ejemplo de algunos de mis alumnos y alumnas universitarios, que el día del examen se presentan con varias decenas de presumibles preguntas ya contestadas, y bien contestadas previamente al calor del hogar, en folios de color rosa (color oficial del papel de examen), y que en un momento determinado del examen (normalmente en la última media hora) aparecen sobre la mesa, con una habilidad que el mismo Houdini hubiera envidiado.

En suma, en y desde la vida escolar aprendemos, como alumnos, a sobrevivir, incluso a triunfar, con los menores costos posibles. Sin embargo, el currículo oculto no es sólo el resultado de la capacidad de adaptación-supervivencia a la institución escolar por parte del alumno, es algo más que eso:

> *Es mucho más, claro está, lo que se encuentra «oculto». Podría sostenerse que el propósito del currículo de matemáticas consiste no solamente en permitir que los alumnos aprendan esa materia, sino en lograr que algunos de ellos comprendan que no pueden aprenderla y lleguen a adquirir el respeto debido hacia quienes sí pueden hacerlo.* (Eggleston, 1980, pp. 27-28)

Referirnos a la evaluación de estudiantes desde ese marco institucional que propicia formas de entender la cultura y las relaciones sociales significa, también, hacer referencia al éxito y al fracaso escolar. Y lo cierto es que ante eso que llamamos *fracaso escolar*, de nuevo, nos encontramos ante el problema de su difícil conceptualización. ¿Cómo se define el fracaso escolar? ¿Por la tasa de alumnos que abandona la escuela, más los repetidores, más los que no alcanzan los objetivos mínimos? ¿Lo definimos, también, en función de las deficientes condiciones de la escolaridad de algunos estudiantes? ¿Es evidencia del fracaso escolar el índice de estudiantes que alcanzan la enseñanza postobligatoria con relación a los que no, o lo es el número de suspensos y abandonos en esos primeros años de enseñanza postobligatoria? ¿Es, también, fracaso escolar la deficiente dotación en ordenadores y en libros para la biblioteca de algunos centros? ¿Es fracaso escolar el insuficiente apoyo profesional que reciben los profesores con alumnos con deficiencias en régimen de integración? Son muchos y variados los factores que podrían ir definiendo eso que denominamos *fracaso escolar*, sobre todo desde una visión amplia donde identificaríamos el fracaso escolar como la imposibilidad, por parte de la escuela, de cumplir sus objetivos o de satisfacer las demandas sociales.

Probablemente no es este el lugar para entrar en una reflexión en profundidad sobre el concepto de *fracaso escolar* y sus implicaciones en la vida de los alumnos, en el aula, en el sistema educativo y en el sistema social. Sin embargo, sí quisiera hablar de la evaluación de alumnos y sus relaciones con la construcción del alumno fracasado escolar. No deja de ser curioso que si bien resulta relativamente abundante la bibliografía sobre fracaso escolar y, por supuesto, los debates incluso en el ámbito parlamentario sobre el fracaso escolar, no resulta fácil encontrarse con el término *fracasado escolar* en referencia a alumnos. Quizás tras este hecho se encuentra la concepción de que no hay alumnos fracasados, sino escuelas que fracasan, lo cual, como declaración de principios y sin mayores explicaciones, queda perfectamente aparente o quizás es que sólo evidencia esa especie de vergüenza social a reconocer que, incluso desde una escuela que se define para todos y que se presenta como obligatoria, hay alumnos que fracasan (¿quizás sucede que la cultura escolar, aún siendo para todos, lo es más para unos que para otros?)

Cualquier educador o educadora de educación infantil, en un aula con niños y niñas no mayores de seis años, sería capaz de identificar a algunos alumnos que podrían ser definidos en situación de riesgo, esto es, sobre los cuales se puede prever que van a tener serias dificultades en su escolaridad obligatoria. Y además, normalmente, esta identificación a modo de hipótesis en muchas ocasiones no se basará en la existencia de problemáticas concretas en el desarrollo evolutivo, sino en aspectos relativos a sus actitudes frente a la escuela, al educador y a los compañeros y ello en estrecha relación a las actitudes que, a su vez, tienen los padres hacia la escuela, actitudes que es muy posible que se encuentren mediatizadas por las condiciones sociales y económicas en las que vive la familia derivando en unas expectativas muy bajas acerca de la escuela.

A modo de ejemplo, en alguno de los resúmenes informativos del INCE (Instituto Nacional de Calidad y Evaluación) sobre el estudio de *Evaluación de la educación primaria 1999*, y tomando como referencia una muestra de 9.895 familias de alumnos y alumnas matriculados en sexto de primaria, se llega a las siguientes conclusiones:

> *A medida que el nivel de estudios (de los padres) es más alto, el rendimiento de los alumnos es también más alto.*
> *De entre todas las relaciones establecidas entre el rendimiento de los alumnos y las distintas variables que se han analizado en esta evaluación de la educación primaria, la más fuerte es el nivel de estudios de los padres.*
> *Los alumnos cuyas madres trabajan obtienen resultados significativamente más altos que los que logran aquellos cuyas madres están en cualquiera de las otras situaciones laborales (en paro, jubilada, tareas de la casa, otra situación).*
> *Existen diferencias en el rendimiento de los alumnos que están relacionadas con la situación laboral de los padres. Los alumnos cuyos padres trabajan son los que obtienen un rendimiento significativamente más alto, en las tres áreas evaluadas, que el que logran aquellos cuyos padres están en paro o realizan tareas de la casa.* (INCE, 2001. Resumen informativo, 19)

Estos datos no vienen sino a situarnos con toda la crudeza posible ante el sistema educativo como subsistema del sistema social y económico. Ello nos llevaría a otra caracterización del fracaso escolar como la parte residual de lo que la escuela es como reflejo del sistema social y económico que le da cobertura. Lo cierto es que los datos anteriores hacen trizas el viejo supuesto que dice que la función selectiva que tiene lugar en la escuela se basa en la diferencia de capacidades «individuales e innatas» de cada uno de los individuos, allí donde la evaluación y especialmente los modelos de evaluación externa –reválidas– aparecen como los filtros objetivos que vienen a separar a los estudiantes según sus capacidades para el estudio y el desarrollo intelectual y académico.

El sistema social muestra toda su fuerza conservadora, y las prácticas de evaluación no hacen más que reflejar esa tendencia inmovilista que asegura una estabilidad de la estructura social asentada en el mantenimiento de unas relaciones que permiten la participación, que no la apropiación, de la cultura hegemónica que la escuela tutela al tiempo que la transmite. (Álvarez, 1995, p. 182)

El establecimiento de criterios y formas de evaluación, al igual que el establecimiento de formas de enseñanza y de atención a los alumnos, desde esta perspectiva, tanto cuando es planteado por un profesor particular como, especialmente, cuando es negociado, coordinado y planteado por un colectivo de profesores y profesoras desde un proyecto común, parece abandonar ese posible carácter técnico de aplicación más o menos automática de regulaciones, normativas y teorías formales para convertirse en una opción que tiene mucho de ética y de posicionamiento ante los problemas y desequilibrios sociales.

2

Formas de pensar la evaluación del aprendizaje

Profesor: Para mañana os recuerdo que tenéis que traer información sobre la fotosíntesis... No sólo es un tema apasionante... además, saldrá en el examen.
Alumno: ¿Por qué le llaman estímulo cuando quieren decir amenaza?
(Saliñas, 1998, [viñeta])

Introducción

Resulta habitual, cuando se hace referencia a la teoría del currículo o a la teoría de la enseñanza, diferenciar tres grandes fases o ámbitos de actuación y teorización: diseño, desarrollo y evaluación. Esta diferenciación resulta muy útil para sistematizar el discurso teórico, con el objetivo de tratar de comprender, analizar e incluso organizar la enseñanza, ello si no olvidamos que no es más que un modelo y que, como cualquier modelo, su finalidad es la de esquematizar y simplificar la realidad para hacerla más accesible al análisis y a la comprensión. Y de esta forma, una vez vamos consiguiendo entender la realidad a través de los modelos y las teorías, hemos de retornar a su complejidad y seguramente continuar construyendo nuevos modelos y teorías para tratar de seguir dando respuesta a las nuevas cuestiones y problemas planteados.

Creernos demasiado el modelo o, lo que es lo mismo, llegar a pensar que es la realidad la que debería ajustarse al modelo y no al contrario, podría abocarnos a algunas conclusiones falsas, por ejemplo, que la evaluación se constituye en un proceso o fase externo al diseño y al desarrollo de la enseñanza donde, además, ocupa el tercer lugar en la cronología de sucesos: primero diseñamos la enseñanza, luego la desarrollamos a través de la práctica y, por último, evaluamos.

Por supuesto que cualquier profesional de la enseñanza puede percibir que la evaluación se encuentra continuamente presente tanto en los momentos en los que planificamos nuestra enseñanza como en la práctica, en el momento de «dar clase». También como estudiante se vive y se experimenta el clima de evaluación que preside la mayor parte de actividades escolares, clima de evaluación que suele reflejarse, por si fuera poco, en el ámbito familiar.

Sin embargo, a pesar de que esa «sombra alargada» de la evaluación se encuentra presente en la actividad cotidiana del aula, muchos profesores y profesoras, cuando explicitan, cuando verbalizan lo que hacen cuando evalúan, lo hacen en referencia al momento en el que el proceso se formaliza en acciones puntuales típicamente finalistas tales como hacer exámenes, corregir controles, calificar comportamientos y actitudes, poner notas, elaborar informes, reunirse en sesiones de evaluación... Es como si se estableciera una diferenciación entre lo que podríamos denominar el *clima evaluativo* de la enseñanza en el aula y los *procedimientos formales* de evaluación, es decir, aquellos procedimientos y técnicas que explícitamente van encaminados a alcanzar un juicio público en forma de calificación sobre el rendimiento del estudiante.

Por otra parte, hay aspectos relacionados con ese clima evaluativo de la enseñanza que resultan claves para entender por qué la enseñanza es de una forma y no de otra. Dicho de otra manera, muchos de los significados que se generan en el aula entre profesores y estudiantes y entre los mismos estudiantes (y, por supuesto, entre el estudiante, la escuela y las familias) surgen, en gran medida, como consecuencia de ese clima o cultura evaluativa que preside el acontecer en el aula. De igual manera que en el libro de texto el párrafo remarcado en letra negrita o cursiva parece tener un valor superior al texto en letra común, aquello que el profesor hace y dice en clase y, por supuesto, lo que los alumnos hacen y dicen podría ser observado como un texto donde, también, en ocasiones, hay acciones y verbalizaciones que pueden ser identificadas como la letra en negrita del libro, esto es, que tienen un valor o una importancia superior al resto de acciones y verbalizaciones.

Veamos un ejemplo que ilustre la metáfora:

PROFESORA: Esta noche emiten en la televisión *La Colmena* que, como sabéis, va para el segundo trimestre y quisiera que todos la vierais.
ESTUDIANTE 1: ¿Tenemos que entregar alguna ficha o resumen?
ESTUDIANTE 2: ¿Va para examen?
ESTUDIANTE 3: Entonces... ¿Ya no hay que leer el libro?
ESTUDIANTE 4: ¿Es obligatorio?

Como vemos, la profesora de lengua y literatura española propone a sus estudiantes la visión de la película *La Colmena*, magnífica adaptación de la novela de Cela, novela que, por otra parte, está planificado que se trabaje en el segundo trimestre. Todas las preguntas de los alumnos derivadas de la propuesta de la profesora reflejan eso que he denominado la *cultura* o *clima evaluativo* de la clase. Las cuatro preguntas planteadas son diferentes, sin embargo, tienen un mismo objeto, solicitar a la profesora que clarifique qué peso tiene la actividad propuesta en la evaluación. Y es que, independientemente de que la película sea interesante o no, como actividad escolar tiene un valor añadido, y es su posible valor de cambio, entendiendo por valor de cambio aquello que hace que una actividad tenga un peso específico para la evaluación, el que hay que clarificar.

Ese clima evaluativo del aula se va estableciendo desde el primer día de clase y nos enfrenta a las formas de pensar y conducir la enseñanza por parte de un profesor. En ese sentido, entenderé por racionalidad de un sistema de evaluación en el aula el conjunto de supuestos y creencias, así como de práctica, del profesor (sobre la enseñanza y el aprendizaje, sobre la escuela, el alumno, el conocimiento...) que dan lugar a unas prácticas evaluativas y no a otras.

Desde una perspectiva más amplia, se puede entender por racionalidad:

> *Un conjunto específico de asunciones y prácticas sociales que mediatizan la forma en que los individuos o grupos se relacionan con el resto de la sociedad. Bajo cualquier forma de racionalidad existe un conjunto de intereses que definen y cualifican la forma en la que uno refleja el mundo. Se trata de un elemento de gran importancia epistemológica. El conocimiento, creencias, expectativas y bases que definen una racionalidad dada condicionan y a su vez se encuentran condicionadas por las experiencias en las que vivimos. La noción de que cada experiencia sólo toma sentido específico desde un modo de racionalidad que le confiere inteligibilidad es de crucial importancia.* (Giroux, 1981, p. 8)

Asociado al concepto de racionalidad se encuentra el de *problemática*, entendiendo por la misma la estructura teórica definida que sostiene o da cobertura al juego dialéctico de conceptos que se utilizan para crear un marco específico de interrogantes o problemas. Señala Giroux que la problemática desde un enfoque de racionalidad determinado nos viene a definir tanto el campo de lo visible como el área de lo invisible, en la medida en que lo visible queda explicitado por el sentido y alcance de los interrogantes a plantear, mientras que lo invisible puede ser analizado desde el conjunto de cuestiones o interrogantes relegados o no planteados.

La racionalidad, como conjunto de supuestos y formas de ver, entender y actuar sobre la realidad, por otra parte, es un elemento constitutivo de las teorías. Partamos de la base que la evaluación, desde cualquiera de los paradigmas, modelos o teorías que le dan cobertura, siempre es una construcción elaborada con la finalidad de dotar de un determinado orden y significado a la realidad. Se trata de un artefacto que nos proporciona visiones interesadas sobre parcelas de la realidad.

> *No existe un hecho social que esté dotado de valor propio más allá del que se le conceda al juzgarlo a través de determinados criterios. Incluso la implicación de la evaluación en la emisión de juicios de valor se muestra, tras una revisión a la abundante literatura científica, como uno de entre los muchos con los que se maneja el término. Ciertamente tienden a haber concentraciones de significado a lo largo de las diferentes épocas, lo que permite hablar de una discreta «evolución» del término hacia una mayor complejidad, pero también hacia la coexistencia de una pluralidad de significados.* (Beltrán, 2000, p. 200)

Con ello quiero poner de manifiesto que la evolución de los modelos e instrumentos de evaluación no sólo representa la historia de un esfuerzo por mejorar la evaluación, sino que fundamentalmente también representa la historia de colectivos y comunidades de pensamiento por reflejar sus propios intereses y sus formas de pensar y actuar en la realidad.

Diferentes autores han acometido la tarea de analizar la evolución conceptual e histórica de la evaluación escolar. Stuffebleam y Shinkfield señalan al respecto:

> *Ninguna introducción a la evaluación entendida como una práctica profesional estará completa si no se presta la debida atención a la evolución histórica del tema. Cualquier profesión, para satisfacer las necesidades de sus clientes, debe evolucionar de acuerdo con los cambios de las necesidades sociales y teniendo en cuenta todos los avances teóricos y técnicos. A menos que los miembros de una profesión elaboren y sostengan una perspectiva histórica sobre su trabajo, probablemente seguirán teniendo siempre una concepción limitada de su función social, sin poder estimular la innovación ni contribuir a ella.* (Stufflebeam y Shinkfield, 1987, p. 32)

En nuestro caso, más que tratar de sistematizar u ordenar las etapas por las que ha ido transcurriendo la historia de la evaluación escolar que, por otra parte, tal como he apuntado con anterioridad, suelen consistir en análisis más centrados en la evolución de modelos y formas de entender la evaluación como campo profesional, en este punto haré referencia a dos formas posibles de entender la evaluación del aprendizaje del alumno que, en realidad, son dos formas posibles de entender la enseñanza, el aprendizaje y el currículo: la evaluación desde el modelo de objetivos de conducta y a la evaluación desde un modelo de proceso.

La evaluación del aprendizaje desde el modelo de objetivos conductuales

En el primer capítulo hemos tenido oportunidad de hacer el seguimiento de una profesora en su proceso de crecimiento en conocimientos profesionales desde el momento en que inició sus estudios en la escuela universitaria de formación de profesorado de EGB. Allí he hecho referencia al descubrimiento por parte de dicha profesora, especialmente a través de las asignaturas relativas a la programación y evaluación, que la enseñanza podía ser una actividad científica, al menos diseñada y controlada de forma científica. No olvidemos, por otra parte, que la acción se situaba a finales de los setenta, allí donde el giro tecnocrático de la dictadura española introduce entre nosotros las viejas propuestas tylerianas que en EE.UU. habían surgido aproximadamente treinta años antes (Beltrán, 1991).

Acompañando a la implantación de la reforma introducida por la Ley General de Educación de 1970 se pone en marcha un plan de formación del profesorado en ejercicio que, además de complementar la reforma de la formación inicial del profesorado, pretende «recualificar» a éste en las nuevas propuestas educativas, entre las que ocupa un lugar preponderante la evaluación. Las actividades de los centros de colaboración pedagógica van a verse reemplazadas por las ofertas formativas de los Institutos de Ciencias de la Educación, adscritos a las universidades, desde donde se acaba consolidando un modelo de formación centrado, en cuanto a su formato, en la asistencia a cursos y en cuanto a su contenido, en los nuevos currículos. Es en esta coyuntura donde puede evidenciarse la emergencia de un modelo de racionalidad a la hora de diseñar, desarrollar y evaluar la enseñanza que encuentra su fundamento en la definición pormenorizada de los objetivos de la enseñanza, una de cuyas evidencias más conocidas y utilizadas es la programación por objetivos de conducta.

Los orígenes de tal forma de racionalidad (de pensar y actuar) en la enseñanza podemos encontrarlos en el clásico trabajo de Tyler, *Principios básicos del currículo* (1973). Partiendo de la consideración de que la enseñanza se constituye en una actividad intencional, tendente a alcanzar unas finalidades, la idea central será que la racionalidad de la acción vendrá determinada por el logro de esos fines pretendidos y que, consecuentemente, en la medida en que esos fines sean descritos con minuciosidad y en forma de conductas observables de los alumnos, estaremos en posición de establecer los medios más idóneos para alcanzarlos y evaluar la consecución de los mismos.

La evaluación de alumnos será entendida como el proceso que es capaz de juzgar el nivel alcanzado por el alumno en referencia a los cambios de comportamiento previstos. El juicio, en este caso, se acerca mucho al concepto de *medición*, al menos en el sentido de comprobar si el objetivo previsto se ha cumplido o no. La evaluación, de esa forma, encuentra su lugar en la enseñanza como consecuencia directa de una correcta delimitación de los objetivos.

La importancia de una correcta definición del objetivo de comportamiento del alumnado se constituye en uno de los pasos fundamentales de la evaluación ya que servirá de referencia para crear las situaciones en las que el alumno podrá manifestar (demostrar) el dominio del tipo de conducta que se pretende evaluar.

> *Para describir lo que el comportamiento final (lo que el alumno tendrá que hacer):*
>
> a) *Exprese correctamente el comportamiento general.*
>
> b) *Defina las condiciones importantes que deberán aparecer en el comportamiento (datos, restricciones, etc.).*
>
> c) *Indique las condiciones necesarias para que la prueba sea satisfactoria (el criterio de evaluación).* (Mager, 1973, p. 60.)

Volviendo a nuestra profesora del primer capítulo, podemos preguntarnos las razones de la atracción hacia el modelo de objetivos y la concepción de evaluación asociada. Probablemente la profesora quedó subyugada por la ordenada secuencia de pasos lógicos inherente al modelo, su estructura como sistema coherente que tiene unas finalidades claras, que se organiza para alcanzarlas de la forma más eficaz y que dispone de procedimientos para evaluar objetivamente si las finalidades se han alcanzado o no. Y una teoría de ese tipo en enseñanza, al menos en el período de formación de nuestra profesora, seguramente es de agradecer. Hagamos la descripción de los cimientos de la lógica que nuestra profesora fue construyendo como si de un edificio bien consolidado se tratara:

1. La enseñanza es una actividad con finalidades explícitas marcadas por la ley y por las normativas y regulaciones.

2. Esas finalidades se determinarán en forma de objetivos y contenidos para las diferentes etapas, niveles y asignaturas (o áreas).
3. Esos objetivos generales se concretarán en forma de objetivos operativos (conductas del alumno observables) para las diferentes lecciones, temas o unidades didácticas.
4. Los ámbitos de conducta en los que los objetivos educativos pueden ser definidos son: cognitivo, afectivo y psicomotor.
5. La enseñanza será, entonces, el proceso que ponemos en marcha para que el alumno alcance esos objetivos (conductas) y, para eso, organizamos actividades de diferente tipo y prevemos los tiempos y recursos necesarios.
6. La evaluación será el proceso de comprobar hasta qué punto el alumno ha alcanzado los objetivos previstos o no. Para ello hemos de identificar situaciones en las que el alumno demuestre las conductas esperadas, y crear instrumentos que reflejen dichas conductas de forma objetiva.
7. Podemos identificar tres formas de la evaluación en función del momento en que es utilizada:
   - Inicial o diagnóstica. Se realiza antes de comenzar el proceso de enseñanza propiamente dicho y su utilidad es la de comprobar que el alumno dispone de las conductas necesarias (cognitivas, afectivas y psicomotoras) para acometer el dominio de nuevas conductas.
   - Formativa. Se realiza en diferentes momentos del proceso de enseñanza y proporciona información sobre el avance progresivo en el dominio de las conductas esperadas. Su utilidad es la de posibilitar revisiones y cambios en los procesos de enseñanza y aprendizaje. Asociada a lo que en las regulaciones institucionales se le denominaba *evaluación continua*.
   - Sumativa. Se realiza al finalizar el proceso de enseñanza y su utilidad es la de comprobar si, finalmente, se han alcanzado por parte de los alumnos los objetivos previstos o no.
8. Se contempla la autoevaluación como la oportunidad de que el alumno pueda valorar por sí mismo el alcance de los objetivos operativos enunciados. Para ello se diseñarán situaciones en las que el alumno pueda determinar, de forma objetiva, si ha alcanzado determinada conducta o no.
9. La evaluación supone, también, una retroalimentación (nuestra profesora utilizaba el término *feedback*) del sistema en la medida que nos permite tomar decisiones no sólo para la definición de nuevos objetivos, sino para la revisión de los ya trabajados y la revisión de las estrategias utilizadas desde su eficacia probada.
10. Asimismo, la recuperación se constituye en otro elemento más de la programación, consecuencia de la evaluación, como las actividades que proponemos a los alumnos que no han alcanzado los objetivos previstos, con el fin de ser sometidos a una nueva oportunidad de evaluación.

Este decálogo asumido por nuestra profesora del primer capítulo en su período de formación representa en gran medida, no ya una forma particular de programar la enseñanza o un modelo, entre otros, de entender la evaluación de estudiantes, sino una forma de racionalidad a la hora de abordar el currículo, el papel de la escuela y los profesores, la enseñanza y el aprendizaje que, con ligeras variaciones, ha perdurado hasta nuestros días.

La racionalidad técnica como forma de pensar el currículo

La llamada *racionalidad técnica* o *tecnocrática* que sirve como base al modelo de objetivos conductuales se basa en la creencia de que el desarrollo del conocimiento sobre los fenómenos educativos se produce a través de la observación y medición de hechos y fenómenos. Ello implica que el conocimiento es antes analítico que sintético, esto es, el proceso de observación y medición tiende a dividir o separar las conductas humanas en elementos constituyentes.

Tanto Giroux (1990) como Popkewitz (1988) y Salinas (1995, pp. 43 y ss.) señalan algunas de las asunciones básicas de las que parte este enfoque. En resumen, las ideas básicas apuntadas por Giroux son las siguientes:

1. La teoría educativa puede contribuir a la guía y control del medio, a través de un proceso de deducción cuya finalidad es la de descubrir las regularidades que existen entre las variables planteadas en el estudio. De esta forma, el conocimiento se establece desde lo concreto, observable y medible, y es convertido en proposición general (desde la búsqueda de ese conjunto de «leyes» que regulan los acontecimientos) a través de un proceso de abstracción-generalización.
2. Se concibe el conocimiento –resultado de ese proceso de indagación científico– libre de valores, esto es, el conocimiento es objetivo y descrito desde un discurso neutral. En la medida en que la objetividad se plantea como uno de los ejes básicos del discurso científico, los hechos o eventos a tener en cuenta en la investigación tienden a ser lógicamente los supuestamente «objetivables», es decir, aquellos observables y probablemente reductibles a medición empírica.
3. La noción de *causalidad* (o *causación*), desde este enfoque, se encuentra asociada a la noción de *predicción*. Desde el momento que el conocimiento del mundo social es objetivo, y puede ser reducido a un conjunto de partes o elementos que interactúan de acuerdo a leyes o regularidades de funcionamiento, las cuales debe descubrir el científico o investigador, el mismo descubrimiento de esas leyes supone la posibilidad de predecir futuros eventos.
4. Por último, existe la creencia de que los mismos profesores pueden operar desde una posición libre de valores, a través de la separación del mundo de los valores de los hechos y modos de análisis a través de los cuales alcanzamos la objetividad.

Popkewitz, por su parte, y desde una crítica muy similar a la de Giroux, señala las siguientes asunciones:

1. La teoría se construye en orden a su universalidad, y su finalidad es la de describir y predecir eventos o sucesos. Desde este interés por la generalización, los principios básicos o axiomas de la teoría adquieren un alto nivel de abstracción y tienen lugar al margen de contextos sociales o históricos específicos.
2. Relacionado con la universalidad de la teoría, la misma se plantea como una empresa desinteresada, esto es, libre o independiente de los valores y los fines a través de los cuales las personas actúan en una situación. La teoría se limita a describir las relaciones entre los «hechos». Desde estas consideraciones se distingue entre teorías específicas (explicación sobre cómo ocurren los hechos) y teorías morales o normativas (explicaciones sobre cómo los hechos deberían de ocurrir).
3. Se concibe el mundo social como un sistema de variables, las cuales son analizadas de forma independiente. De esa forma, la investigación sobre la enseñanza puede centrarse en variables específicas que pueden ser medidas de forma independiente con respecto a otras variables del sistema. A la vez, la noción de *sistema de variables* da un significado preciso a la noción de *causación* dentro del enfoque empírico-analítico. Así, la posibilidad de producir resultados o «salidas» del sistema previamente planificadas, a través de la explicación o manipulación de las relaciones entre variables medibles, es uno de los procesos derivados de ese principio de causalidad.
4. Existe un interés en formalizar el conocimiento a través de la definición clara y precisa de las variables. Los conceptos pueden ser operacionalizados a través de significados invariables, de tal forma que puedan ser identificados y medidos de forma precisa.

   Planteando las unidades de análisis como invariables, el investigador puede crear variables «independientes» y «dependientes» en orden a estudiar cómo unas influyen a las otras o cómo la manipulación sobre una produce efectos sobre otras. (Popkewitz, p. 38)
5. El intento por crear un conocimiento altamente formalizado y desinteresado determina la relevancia de las matemáticas en el proceso de construcción de la teoría. La reducción de la ambigüedad y posibles contradicciones se produce a través de la cuantificación precisa de las variables. Por otra parte, se limita la consideración sobre el dato, en la medida en que éste se reduce a lo convertible en número.

Como fácilmente puede deducirse, gran parte de esta especie de ideario para la investigación y construcción teórica desde el marco de la racionalidad técnica ha sido utilizado para dar cobertura a una forma de pensar la evaluación de alumnos que, entre otros, asume los siguientes principios:

1. El juicio evaluador se establece desde lo concreto, observable y medible.
2. Ese juicio ha de ser objetivo y neutral.
3. El juicio se construye tomando como referencia una predicción sobre el aprendizaje del alumno o alumna.
4. La unidad de análisis será el aprendizaje del alumno o alumna en forma de comportamiento observable.

5. La objetividad es posible a través de determinados instrumentos de recogida de información veraz.

Tras todo este conjunto de supuestos, cuando hablamos de evaluación de alumnos por parte de profesores, se encuentra otro enunciado si se quiere aún más arraigado en el discurso tecnicista sobre la evaluación: cuanto más sistemática y ordenada es una teoría sobre la práctica educativa, tanto mejor para el profesor o profesora que ha de aplicarla.

Las teorías y modelos más sistemáticos ¿nos ayudan a comprender mejor la realidad?

El anterior supuesto es comprensible que sea asumido por un estudiante universitario de educación, y es comprensible, entre otras razones, porque a la hora de ser evaluado suele preferir una organización lógica y sistemática del conocimiento abigarrado en sus apuntes y lecturas. Y lo prefiere porque seguramente gran parte de su historia escolar y de su experiencia en exámenes y evaluaciones anteriores a la universidad se han basado, salvo excepciones, en una organización lógica y sistemática del conocimiento escolar (cuya expresión más clara es el libro de texto). Y, por supuesto, en la propia facultad, de nuevo salvo excepciones, continuará recibiendo teorías y conocimiento organizados de forma lineal, lógica y sistemática.

El problema es más complicado cuando hablamos no ya de lo que el alumno estudioso de la educación prefiere para ser examinado, sino cuando hacemos referencia al proceso de construcción del discurso teórico mismo por parte de una comunidad científica. Más cuando se trata de teorías de carácter normativo, es decir, que suponen proposiciones y orientaciones para la práctica. En las teorías sobre la enseñanza el problema es que, en ocasiones, intentando la sistematicidad y coherencia del discurso, se van reduciendo las variables a tener en cuenta y se pierde de vista la realidad que se pretende explicar y con ello se pierde, también, la fundamentación, convirtiéndose en teorías, como señala Stenhouse, altamente especulativas.

> *Uno de los problemas que conlleva la teorización lo constituye el hecho de que nuestras mentes estén fascinadas por la pulcritud de una ordenación sistemática y una amplitud en la comprensión. Así, pues, son muchos los que creen que cuanto más sistemática sea una teoría, tanto más probable es que resulte correcta. En los estudios curriculares –si bien quizá no en las ciencias físicas– es probable que se produzca lo contrario. Nuestro conocimiento sólido acerca del proceso educativo resulta muy limitado. Las teorías a gran escala son muy útiles como andamiaje para el avance del conocimiento, pero cuanto más satisfactorias las encontremos desde el punto de vista lógico, tanto menos probable es que sean adecuadas.* (Stenhouse, 1984, p. 110)

La taxonomía de Bloom, por ejemplo, no es sino un listado ordenado de conductas posibles de los alumnos que, en su origen, fue establecido partiendo del análisis del tipo de conducta que solicitaban en sus exámenes un grupo de examinadores que asistieron a la convención de 1948 de la American Psychological Association. No representa, pues, una perspectiva o visión de cómo tiene lugar el aprendizaje y sus consecuencias para la enseñanza. En otras palabras, no fundamenta las actividades de enseñanza desde el punto de vista de cómo aprende el alumno.

Una cosa es que la programación escrita de la enseñanza deba de responder, en su estructura formal, a un esquema lógico y ordenado que nos resulte útil para guiar, organizar y tomar decisiones en la práctica, y otra cosa diferente es que pensemos que los procesos o etapas de la enseñanza se adaptan estrictamente a las mismas categorías utilizadas en la programación escrita y sistemática. Así, de la lectura de mucha de la literatura defensora del modelo de objetivos podría fácilmente llegarse a la conclusión de que la importancia de un objetivo educativo radica en que cumpla las condiciones para su correcta formulación (que se refiera a una conducta del alumno, que el verbo de conducta sea observable, medible y que contenga un criterio de evaluación), y lo cierto es que, en ocasiones, nos podemos encontrar ante objetivos y finalidades de la enseñanza que no pueden ser observados sino en su complejidad, esto es, que cuando nos detenemos a formularlos en términos de conductas concretas, observables y medibles, pueden quedar desvirtuados. Ya se sabe que, al menos en educación, la suma de las partes no siempre nos da como resultado el total.

Una programación escrita de la enseñanza, al nivel que sea, más bien es una guía u orientación para conducirse en la complejidad del aula. Con la programación prevemos posibles cursos de acción y nos organizamos para ello.

La realidad del aula resulta que no es lineal y a veces ni siquiera lógica, al contrario, es compleja, inmediata y en muchos casos imprevisible. Ello, como profesores, nos obliga a improvisar en muchas ocasiones, a tomar decisiones inmediatas, a pensar y hacer cosas «en-el-momento». Si todas esas improvisaciones tienen un encaje en el devenir de la enseñanza es porque, probablemente, se han construido desde el marco de una planificación flexible que nos va marcando un camino ordenado en el que, de vez en cuando, se nos permite dar un pequeño rodeo, volver atrás o detenernos a observar el paisaje.

Las implicaciones del modelo de objetivos para la evaluación de alumnos son importantes, pero quizás la más relevante sea la de limitarnos el objeto de la evaluación al objetivo prefijado con antelación en forma de conducta observable. Entonces, la evaluación puede ser identificada con un proceso fundamentalmente técnico de comprobación o medición del alcance de las conductas definidas en forma de objetivos. Por otra parte, da pie o posibilita la utilización de instrumentos que persiguen la objetividad, centrados en la demostración explícita del dominio de conocimientos, actitudes o destrezas. Por último, la toma de decisiones sobre si el alumno ha alcanzado o no los aprendizajes previstos viene prácticamente determinada por los datos derivados de los instrumentos de evaluación.

Que un modelo de evaluación de alumnos simplifique los procedimientos de evaluación en el sentido en que los haga más sencillos, llevaderos, económicos (en cuanto a tiempo y esfuerzos), etc., resulta excelente, pero ello si no implica también la simplificación de aquello que pretendemos evaluar. Y lo cierto es que, en el caso de los alumnos, lo que pretendemos evaluar habitualmente es el aprendizaje, esto es, el dominio o adquisición de determinadas capacidades. En ocasiones, el ejercicio de tratar de redefinir muchas de esas posibles capacidades en forma de comportamientos observables y medibles para finalmente ser evaluadas nos hace ganar en la precisión de la medida, pero perder en cuanto a la significatividad (educativa), la relevancia o validez de ese aprendizaje medido.

Veamos un ejemplo:

La profesora que, al principio de este capítulo, había propuesto a los alumnos de su clase que vieran esa noche la película *La Colmena* por televisión, expresa, como una de las finalidades posibles de la actividad, que los alumnos interpreten el significado del título *La Colmena* con relación al contenido de la película. En la clase siguiente, después de haber visto la película, la profesora puede:

- Solicitar a los alumnos que, en un papel, escriban su opinión sobre las razones del título de la novela.
- Organizar pequeños grupos de trabajo o discusión, una de cuyas tareas es la de analizar el título.
- Plantear un debate de toda la clase donde la pregunta inicial es: «¿por qué pensáis que Cela tituló su novela *La Colmena*?».

Si pretendiera elaborar un juicio individualizado sobre cada uno de sus alumnos con relación a la capacidad de dar sentido al título de la novela, tendría varias opciones que no son excluyentes, entre otras:

- Analizar opiniones individuales a través de documentos escritos: redacciones, trabajos o quizás una pregunta abierta en un examen.
- Analizar las opiniones vertidas en los debates propuestos (con el problema de que no todos seguramente intervienen).

Ahora bien, cuando invitamos a nuestra profesora a que, partiendo de su intención de «que los alumnos interpreten el significado del título *La Colmena* con relación al contenido de la película o novela» trate de identificar conductas observables que nos delimiten el aprendizaje pretendido, probablemente tenga serias dificultades. ¿Quiere eso decir que como actividad de clase probablemente es correcta, pero no es evaluable y por tanto no puede reflejar aprendizaje? Bajo esas condiciones, es posible que el examen se base más en preguntas del tipo:

- ¿Quién escribió *La Colmena*?
- ¿En qué año?
- ¿A qué género literario pertenece?
- Señala cinco personajes principales.
- Etc.

Preguntas que, efectivamente, sí denotan capacidades de orden cognitivo observables y medibles pero cuya relevancia para las intenciones iniciales de nuestra profesora es muy limitada, de hecho debilitan tremendamente los niveles de calidad en cuanto a la expresión del aprendizaje de los alumnos inicialmente pretendidos.

Pero profundicemos un poco más en el ejemplo. Nuestra profesora tiene sobre la mesa dos montones de folios. En el montón de la izquierda se encuentran las redacciones de los alumnos realizadas a partir de la cuestión siguiente:

> «En tu opinión, ¿qué relación guarda el título de la novela de Cela con el desarrollo de la historia? Razona la respuesta.»

En el montón de la derecha tiene los exámenes o controles de todos los alumnos referentes a la novela *La Colmena*, donde aparecen, entre otras, las preguntas que he apuntado con anterioridad: quién la escribió, año, género literario, personajes...

Consideremos la corrección de ambos ejercicios. Probablemente resulte más interesante leer las redacciones que leer los exámenes y también probablemente resulte más complicado evaluar las redacciones que los exámenes.

En cuanto a las redacciones, nuestra profesora, que ya tiene cierta experiencia sobre sus espaldas, se da cuenta de aquellas que están hechas de forma apresurada y sin interés, otras que están francamente bien y otras que apuntan hipótesis que son absolutamente extraordinarias. Puede darse cuenta (en realidad no hace sino confirmar) de las dificultades de expresión escrita de algunos de sus alumnos, observa la creatividad de otros, el pensamiento ordenado de algunos, etc., y, sobre todo, en la lectura, corrección y evaluación de las redacciones suele haber un rostro, una persona, detrás de cada ejercicio fácilmente identificable, un alumno o alumna que conocemos y del cual sabemos, vamos sabiendo poco a poco, sus posibilidades y limitaciones. ¿La corrección del ejercicio? La profesora los devuelve con anotaciones, correcciones de ortografía y hasta nuevas preguntas. Ella, en su registro de cada alumno, más allá de anotaciones particulares en alguno de ellos, con respecto a la actividad propuesta apunta un «muy bien», un «correcto» o un «mal», y lo hace en referencia al juicio que le merece el ejercicio teniendo en cuenta quién lo ha realizado.

En lo que respecta a los exámenes (desde el modelo propuesto), al poco rato de estar corrigiendo, nuestra profesora comienza a pensar que corregir exámenes es aburrido. En general todos dicen lo mismo, y no puede ser de otra forma porque las respuestas están limitadas a «lo correcto». Por supuesto que hay alumnos que o no responden o responden mal a algunas preguntas y por supuesto que se confirman hipótesis en lo relativo a nuestro conocimiento de los alumnos (¿Quién ha contestado «Zela» a la pregunta sobre el autor de *La Colmena*? Por supuesto, Ángel Indalecio. ¿Quién ha puesto que el género literario es «película de cine»? María José Hernández... ¡no podía ser de otra forma!). Los exámenes se devuelven con las faltas de ortografía corregidas y con una calificación (es lo primero que miran los alumnos). La profesora en su registro apunta las calificaciones de cada alumno.

Las diferencias entre la evaluación de uno y otro ejercicio escrito más allá de problemas de tiempo y problemas a la hora de decidir la calificación radican, en primer lugar, en aquello que es objeto de evaluación. En el primer caso evaluamos el esfuerzo del alumno en establecer una hipótesis y argumentarla sobre la base de una lectura o la visión de una película. En el segundo caso evaluamos su capacidad de recordar información sobre aspectos relacionados con esa lectura o película. Personalmente me parecen igual de legítimos los dos objetos de evaluación, ello siempre que seamos conscientes de aquello que estamos evaluando realmente cuando estamos aplicando un determinado instrumento de evaluación.

Lo cierto es que siendo más fácil evaluar lo que el alumno ha estudiado que lo que el alumno es capaz de pensar y hacer, a veces tendemos a identificar la evaluación sobre lo que el alumno ha estudiado con la evaluación sobre las capacidades que el alumno ha desarrollado. O, con relación al modelo de objetivos de conducta, a veces tendemos a evaluar aprendizajes más simples que aprendizajes más complejos porque estos últimos quizás nos alejen de la pretendida objetividad de la evaluación en el sentido de que es difícil determinar comportamientos observables y medibles, cuantificables, desde capacidades complejas.

En el caso de la redacción sobre el sentido del título de la novela, las creaciones de los alumnos no están simplemente «correctas» o «incorrectas, «bien» o «mal». Se supone que la profesora, al corregirlas y devolverlas, trata de clarificar al alumno cómo podría mejorar su trabajo. Incluso, como he señalado, cuando resume en un apunte del registro el trabajo del alumno, lo hace con relación a quién lo ha realizado, sus posibilidades, limitaciones, su posible avance o no con relación a otras realizaciones anteriores, etc.

> *Esto supone, desde luego, que la evaluación de un ejercicio no es objetiva y, sin embargo, constituye un índice relativo a la calidad de un profesor el hecho de que sea capaz de realizar una evaluación bien meditada y productiva, que ayude al estudiante a perfeccionar su trabajo. Esto plantea problemas en cuanto al examen oficial o público, pero hay que abordarlos. La calidad de un profesor es inseparable de la de su juicio en relación con el trabajo de los estudiantes.* (Stenhouse, 1984, p. 125)

¿Sólo es evaluable lo observable?

Si evaluación significa juzgar algo, difícilmente podremos juzgar ese «algo» si lo desconocemos. Luego evaluaremos aquello que, en todo caso podemos percibir. El problema es la identificación que se ha hecho en ocasiones entre los conceptos de *observable* y *medible* o, más concretamente, entre *observable* y *medible de forma objetiva*. Así, por ejemplo, desde el modelo de objetivos de conducta, dos de las características que debía tener un objetivo operativo correctamente formulado eran que la conducta enunciada debía «ser observable» y «sujeta a medición».

Resulta evidente que nos sentimos más cómodos a la hora de derivar un juicio sobre algo cuando ese juicio depende de una medida, ello si disponemos del instrumento adecuado. Resulta más complicado ofrecer un juicio desde valoraciones que se apoyan en evidencias que pueden estar sujetas a diferente interpretación.

Así, por ejemplo, cuando el pediatra de nuestro hijo nos dice que se encuentra en el percentil 65 en lo que respecta a su peso nos está informando sobre una medida derivada de la utilización de un instrumento (la balanza) y con relación a una distribución normalizada. Sin embargo, en la misma visita, el pediatra, ante nuestra preocupación por los llantos desaforados del niño apenas transcurridos unos minutos después del biberón, nos señala que «no pasa nada, es normal en algunos bebés», ello una vez ha hecho una minuciosa exploración manual sobre el bebé, completada con algunas preguntas dirigidas a los padres.

En esta segunda situación el pediatra ha elaborado un juicio (en medicina lo llaman *diagnóstico*) desde una evaluación (exploración) utilizando como único instrumental sus manos y sus conocimientos profesionales. Es cierto que corre el peligro de equivocarse y darnos un diagnóstico erróneo, pero esta posibilidad será menor en la medida en que tiene experiencia en el campo, que han pasado muchos niños por sus manos en parecida situación y que dispone de los conocimientos profesionales (teóricos y prácticos) como para concluir que el niño no tiene ninguna dolencia grave más allá de unas malas digestiones.

En suma, desde el conocimiento profesional, por supuesto que sólo podremos emitir juicios de aquello que percibimos, incluso en ocasiones también de aquello que intuimos, pero ello no quiere decir que todo lo que percibimos lo tengamos que hacer a través de mediciones o comprobaciones de carácter objetivo. El conocimiento profesional es mucho más que saber utilizar instrumental, sobre todo es desarrollar una mirada profesional que sea capaz de detectar el significado de lo visible y a veces las razones de lo no tan claramente visible.

¿Sólo es evaluable lo predecible?

Muchas de las argumentaciones a favor de la utilización del modelo de objetivos en la planificación se apoyan justamente en el valor de dichos objetivos para una correcta evaluación. La idea básica es absolutamente sencilla: difícilmente podremos evaluar los aprendizajes de los alumnos si no sabemos con claridad qué es lo que pretendemos evaluar. Estoy de acuerdo con ese principio. Lo que no me parece tan claro es que del mismo se derive que los aprendizajes posibles o planificados deban ser definidos al máximo nivel de concreción. Y tampoco me parece tan sencillo obviar que en el transcurso mismo de la enseñanza se pueden generar aprendizajes valiosos que no estuvieran previstos de forma pormenorizada.

Aquello que el profesor quiere enseñar, quiere que sus alumnos aprendan y quiere evaluar puede ser definido de diferentes maneras. El hacerlo a través de objetivos me parece una manera adecuada, siempre que esos objetivos sean valiosos, legales (en el sentido en que responden a un proyecto social y académico) y sirvan como referencia para la construcción de la enseñanza, es decir, sean útiles para pensar en actividades significativas dentro del aula. Y para ello no sólo no es necesario, sino que puede desvirtuar el significado del objetivo tratar de dividirlo en unidades mínimas de conducta.

En relación con lo anterior, otro punto problemático lo sitúo en el interés por intentar ajustar la evaluación a lo inicialmente previsto. Es cierto que para evaluar es necesario saber qué es lo que queremos evaluar, pero de ahí no se concluye que lo debamos saber en el momento de programar la enseñanza. Por supuesto que cuando planificamos y determinamos unos objetivos lo hacemos en previsión de alcanzar unos aprendizajes en los alumnos, y por supuesto que esas son referencias básicas de la evaluación, pero dejemos abierta una puerta a la indeterminación. También podemos evaluar capacidades que han surgido en la enseñanza como consecuencia de la marcha particular de la clase, de situaciones, de momentos, de preguntas de los alumnos...

> *La cantidad tipo y calidad del aprendizaje que tiene lugar en el aula, especialmente cuando existe una interacción entre los alumnos, sólo son predecibles en una mínima parte.* (Eisner, 1983, p. 260)

La educación como inducción al conocimiento logra éxito en la medida en que hace impredecibles los resultados conductuales de los estudiantes (Stenhouse, 1984, p. 124). En otras palabras, la actividad del alumno en el aula, como experiencia, no sólo viene a generar un producto establecido o una conducta predeterminada. Un aprendizaje generado o derivado del ejercicio de las capacidades individuales tiene una originalidad que lo hace diferente de unos alumnos a otros, un toque de creatividad que jamás podría ajustarse a un patrón perfectamente delimitado y establecido. Y ahí radica, de nuevo, la potencialidad del conocimiento profesional del profesor en el ámbito de la evaluación, en su capacidad de ir ajustando cada vez más sus anteojos conceptuales a través de los cuales observa la realidad, las realidades particulares, y es capaz de enjuiciarla más desde su carácter de realidad significativa que de su significación estadística.

Pero... si en realidad casi nadie programa por objetivos operativos

Si uno observa el trabajo en los centros por parte de los profesores y profesoras, puede concluir que, prácticamente, casi nadie a estas alturas se dispone a programar su enseñanza teniendo en la mano un listado de verbos de conducta observables y medibles y definiendo pormenorizadamente todos y cada uno de los objetivos operativos de su jornada escolar. En ese sentido, podría parecer que toda esta descripción y discusión acerca del modelo de objetivos de conducta no es sino una elucubración más a la que tan acostumbrados estamos los teóricos de la enseñanza.

Quiero insistir en que el modelo de objetivos no es sólo una forma particular de programar la enseñanza, esa es su consecuencia más evidente. El modelo de objetivos es, sobre todo, una forma de racionalidad a la hora de pensar la enseñanza, el aprendizaje y la evaluación. Y, probablemente, son mucho más significativos e importantes los supuestos implícitos que lleva el modelo y que perduran, renovados, hasta nuestros días, que el hecho de construir programaciones desde un determinado formato.

La filosofía implícita al papel que juega la evaluación de alumnos en el modelo, desde mi punto de vista, es incluso más significativa que el hecho de definir correctamente los objetivos operativos desde la lógica interna al modelo. La creencia de que «lo que educa» es la actividad que se instala entre la planificación y la evaluación y que, consecuentemente, la evaluación tiende a medir, describir, observar el resultado de los cambios operados en el alumno como consecuencia de la actividad, constituye una creencia firmemente asumida en el colectivo docente. Tan firmemente asumida como que nos cuesta, en ocasiones, entender la afirmación tanto de que la evaluación también es enseñanza como, desde otra formulación, que la evaluación es una actividad que educa.

Ello puede provocar confusiones en torno a qué son los resultados de la enseñanza. La evaluación, a través de sus instrumentos, de sus procedimientos, no se limita a medir, observar, describir los resultados de la enseñanza. En primer lugar los define y delimita. En otras palabras, cuando tratamos de elaborar juicios sobre conductas observables, sobre capacidades, sobre actitudes, procedimientos, etc., lo hagamos desde instrumentos de naturaleza cuantitativa o cualitativa o lo hagamos de forma negociada con los alumnos o no, lo cierto es que estamos tratando de enjuiciar parcelas de la realidad, hipotéticos o posibles aprendizajes que hemos seleccionado.

A través de la evaluación de los alumnos, del modo que sea esa evaluación, estamos definiendo el aprendizaje que consideramos significativo, en el sentido de representativo, derivado de su actividad escolar. En ello radica gran parte de la responsabilidad docente en la evaluación, en determinar aquello que «vale la pena» evaluar. Por supuesto que esa responsabilidad se complementa o, mejor, es consecuencia de la responsabilidad de seguir las directrices marcadas por el proyecto social que representa la escuela y que se concretan en el currículo oficial. En la medida en que ese currículo oficial concrete de forma exhaustiva aquello que hay que evaluar, la responsabilidad del profesor o de los profesores agrupados en centros a la hora de definir cuáles deberían ser los resultados de la enseñanza será menor.

Lo cierto es que esta responsabilidad profesional de los docentes –responsabilidad en definir el aprendizaje significativo– puede quedar aparentemente diluida no sólo por el hecho de que el currículo oficial sea absolutamente concreto y minucioso en la definición de los posibles resultados del aprendizaje (puede hacerlo definiéndolos en forma de objetivos concretos o en forma de criterios de evaluación muy delimitados), sino por la propia concepción del profesor en el sentido de pensar que la evaluación se limita a enjuiciar un aprendizaje que es externo a la propia evaluación, que ha finalizado en el momento en que comienza el proceso de evaluación, casi como si el proceso de evaluación se iniciara con el pistoletazo de salida de «separad las mesas, coged papel y bolígrafo...». Y eso es una de las consecuencias de la asunción de la racionalidad técnica en enseñanza.

Un modelo de proceso

Plantear un modelo alternativo al modelo de objetivos de conducta significa tratar de fundamentar una lógica básicamente diferente a la planteada desde la racionalidad medios-fines a la hora de pensar, desarrollar y evaluar la enseñanza. El problema no es, pues, tan simple como tratar de proponer otro modelo de programación u otro modelo de evaluación, sino el de tratar de fundamentar otra forma de pensar la enseñanza.

Deseo dejar claro como punto de partida que los objetivos de la enseñanza constituyen piezas fundamentales a la hora de diseñar y evaluar la enseñanza y el aprendizaje de los alumnos. Ello si los utilizamos desde un nivel lo suficientemente amplio de especificación como para que nos permitan, por una parte, saber qué es lo que pretendemos (o debemos) enseñar (y que nuestros alumnos aprendan) y, en segundo lugar, determinar el alcance y la calidad de lo que realmente enseñamos y los alumnos aprenden. Y es que entre lo que pretendemos que nuestros alumnos aprendan y lo que realmente aprenden hay una parcela de actividad -la enseñanza- que probablemente contiene valores (para alumnos y profesores) que, como he apuntado con anterioridad, no pueden ser ignorados simplemente porque no estaban previstos con antelación en forma de objetivos concretos.

Más claramente, la actividad que desarrollamos en el aula viene derivada de unas finalidades previas, pero la bondad de esa actividad, el hecho de que una actividad sea mejor que otra, tiene que ver con los significados que propicia en el aula, con su mayor o menor influencia en la vida y las relaciones de los que la experimentan, con su mayor o menor determinación en posibilitar unos aprendizajes u otros, es decir, esa actividad «vale la pena» vivirla porque nos hace crecer. Y lo cierto es que ese crecimiento puede serlo en muchos sentidos, y para enseñar y evaluar hay que investigar o indagar en el sentido y alcance de ese crecimiento.

No es lo mismo enseñar el concepto de *volumen* en la pizarra que en el laboratorio (o en el patio) haciendo experimentos con botellas y agua, no es lo mismo analizar un texto o un problema individualmente que hacerlo en grupo, no es lo mismo tratar de solucionar un problema matemático que sólo tiene un procedimiento para alcanzar su solución que aquel en el que se pueden utilizar varios procedimientos, o que aquel que tiene varias soluciones posibles. Las diferentes formas de experiencia propician formas diferentes de alcanzar aprendizajes y formas diferentes de aprendizajes cognitivos, sociales, actitudinales... Por supuesto que es importante tener claro cuáles son los aprendizajes que pretendemos propiciar, tan importante como tener claro que la actividad es la situación que define ese aprendizaje y probablemente otros.

No olvidemos que la relación entre enseñanza y aprendizaje no es de causalidad, la enseñanza no siempre produce el aprendizaje, la enseñanza trata de crear las mejores condiciones para que el aprendizaje tenga lugar, por tanto se trataría de una especie de hipótesis que ponemos a prueba. Consecuentemente, podríamos pensar que es en las actividades en el aula donde debiera recaer el mayor peso de nuestra responsabilidad profesional a la hora de decidir aquello que «vale la pena» hacer y aquello que «vale la pena» evaluar.

Cuando, de forma repetida, hago referencia al concepto de vale la pena quiero resaltar por una parte el carácter de «posibilidad» que tiene una propuesta didáctica, sea de actividades, de utilización de recursos, de elección de procedimientos de evaluación, esto es, de elección posible que uno hace –como profesional– y que además toma como referencia criterios que considera valiosos. Tomemos el ejemplo del listado de criterios que estableció Raths (1971) para identificar actividades que, según el autor, parecen poseer «cierto valor inmanente» (citadas en Stenhouse, 1984; Gimeno, 1982 o Zabala, 1999):

1. *[En igualdad de condiciones] Una actividad es más gratificante que otra si permite a los niños efectuar elecciones informadas para realizar la actividad y reflexionar sobre las consecuencias de sus acciones.*
2. *Una actividad es más gratificante que otra si asigna a los estudiantes papeles activos, en lugar de pasivos, en situaciones de aprendizaje.*
3. *Una actividad es más gratificante que otra si exige a los estudiantes que indaguen sobre ideas, aplicaciones de procesos intelectuales o problemas cotidianos, bien personales, bien sociales.*
4. *Una actividad es más gratificante que otra si propicia que los niños actúen con objetos, materiales y artefactos reales.*
5. *Una actividad es más gratificante que otra si su cumplimento puede ser realizado con éxito por niños a diversos niveles de habilidad.*
6. *Una actividad es más gratificante que otra si exige que los estudiantes examinen, dentro de un nuevo contexto, una idea, una aplicación de un proceso intelectual o un problema actual que ha sido previamente estudiado.*
7. *Una actividad es más gratificante que otra si requiere que los estudiantes examinen temas o cuestiones que los ciudadanos de nuestra sociedad no analizan normalmente.*
8. *Una actividad es más gratificante que otra si propicia que los estudiantes y los docentes corran riesgos, no de vida o muerte, pero sí de éxito o fracaso.*
9. *Una actividad es más gratificante que otra si exige que los estudiantes reescriban, repasen y perfeccionen sus esfuerzos iniciales.*
10. *Una actividad es más gratificante que otra si estimula a los estudiantes a ocuparse de la aplicación y del dominio de reglas, estándares o disciplinas significativas.*
11. *Una actividad es más gratificante que otra si proporciona a los estudiantes una probabilidad de compartir con otros la planificación de un proyecto, su realización o los resultados de una actividad.*
12. *Una actividad es más gratificante que otra si es relevante con relación a los propósitos expresos de los estudiantes.*

(Stenhouse, 1984, pp. 130-131)

El anterior listado de principios de procedimiento elaborado por Raths (1973) representa un ejemplo de otra posible forma de orientar la enseñanza y el aprendizaje en contraposición a la definición de objetivos. Quizás se podría argumentar que a través de ese listado el autor no nos dice qué es lo que hay que enseñar (y aprender) sino cómo podría hacerse. Y esto no es así, por supuesto que no hace referencia a contenidos disciplinares ni a capacidades específicas del alumnado, pero sí que nos está dando claves de qué es lo que, en opinión del autor, tiene que aprender el alumno o alumna al mismo tiempo que enseñamos matemáticas, lengua o música.

Por ejemplo, si la actividad de enseñanza *permite a los niños efectuar elecciones informadas para realizarla y reflexionar sobre las consecuencias de sus acciones* (principio 1), el niño, independientemente que lo hagamos en clase de lengua, matemáticas o música, también aprenderá a tomar decisiones por sí mismo, a tomarlas de forma informada y a evaluar sus consecuencias. Si la actividad de enseñanza en lengua, matemáticas o música *exige que los estudiantes examinen, dentro de un nuevo contexto, una idea, una aplicación de un proceso intelectual o un problema actual que ha sido previamente estudiado* (principio 6), el niño también aprenderá que el conocimiento nos permite interpretar y explicar diferentes aspectos o manifestaciones de la realidad. Esas posibilidades del aprendizaje es justamente lo que separa la mera instrucción de la educación, aquello que convierte la enseñanza de las matemáticas, lengua o música en construcción de ciudadanía en las escuelas.

Zabala, por su parte, propone una serie de cuestiones o preguntas que permitirían caracterizar las actividades «que deben configurar una unidad de intervención educativa» desde una concepción constructivista del aprendizaje:

> 1. *Que nos permitan conocer los conocimientos previos que tienen los alumnos con relación a los nuevos contenidos de aprendizaje.*
> 2. *En la que los contenidos se plantean de tal modo que sean significativos y funcionales para los chicos y chicas.*
> 3. *Que podamos inferir que son adecuados al nivel de desarrollo de los alumnos.*
> 4. *Que aparezcan como un reto abordable para el alumno, es decir, que tengan en cuenta sus competencias actuales y las hagan avanzar con la ayuda necesaria; que permitan crear zonas de desarrollo próximo e intervenir en ellas.*
> 5. *Que provoquen un conflicto cognoscitivo y promuevan la actividad mental del alumno necesaria para que establezca relaciones entre los nuevos contenidos y los conocimientos previos.*
> 6. *Que fomenten una actitud favorable, o sea, que sean motivadoras, con relación al aprendizaje de nuevos contenidos.*
> 7. *Que estimulen la autoestima y el autoconcepto con relación a los aprendizajes que se le proponen, es decir, que el alumno pueda experimentar con ellas que en algún grado ha aprendido, que su esfuerzo ha valido la pena.*
> 8. *Que ayuden a que el alumno vaya adquiriendo destrezas relacionadas con el aprender a aprender y que le permitan ser cada vez más autónomo en sus aprendizajes.*
>
> (Zabala, 1999, p. 135)

La reflexión y valoración, entonces, sobre el sentido y alcance de la actividad en el aula, sobre la selección y organización del contenido, sobre los recursos y formas de organizar la clase, dependerán más del valor que le demos al tipo de aprendizaje que pretendemos desarrollar que a su definición explícita en formato observable en forma de conducta. No es un problema, pues, de «otro modelo de programación», sino un problema de dónde situar el eje de reflexión cuando pensamos la enseñanza que queremos. Antes que definirla por objetivos de comportamiento, definámosla, en primer lugar, por aquello «que valdría la pena» ser vivido en el aula.

¿Y la evaluación de alumnos y alumnas?

Continúa manteniendo sus funciones formativa y sumativa, es decir, igualmente sujeta a problemas y contradicciones. Partiendo de esta aseveración inicial, el problema consistiría en cómo se propicia o se establece una cultura o clima evaluativo en el aula de forma tal que, tanto el profesor como sus alumnos, consigan una especie de convivencia entre lo formativo y lo sumativo de la evaluación que no genere excesivas dificultades. La función formativa de la evaluación la delimitaremos como la potencialidad para definir o delimitar el aprendizaje del alumno a lo largo del proceso de enseñanza y utilizar esa información para mejorar la enseñanza y el aprendizaje (es decir, se trata de una información útil para el profesor y para sus alumnos). Por *función sumativa* entenderemos la normalización de un juicio en forma de calificación.

Quizás una vía de restablecer una cultura evaluativa alternativa en el aula sea la de asumir la evaluación como una forma de análisis y crítica, de carácter cotidiano, es decir, que se asocia de forma habitual al desempeño de tareas y actividades en el aula y que, en momentos puntuales, deriva en calificaciones que se basan en criterios por todos (profesor y alumnos) conocidos y compartidos. Probablemente eso no solucione los problemas familiares del alumno o alumna que se encamina a su casa con un boletín de notas donde aparecen tres «necesita mejorar» o aquel otro que «carga» con cuatro «insuficientes», pero al menos les puede ayudar a entender qué significa la calificación y por qué es esa y no otra.

¿Qué significa eso de la evaluación «como una forma de análisis y crítica»? Hay una frase de Stenhouse que siempre me ha llamado la atención: «la evaluación viene a ser la enseñanza de la autoevaluación» (1984, p. 39). Lo cierto es que la evaluación, tal y como en muchas ocasiones la desarrollamos en el aula, en ningún caso puede ser considerada enseñanza, y mucho menos «enseñanza de la autoevaluación». Por otra parte, el problema de eso llamado *autoevaluación* es que, también en muchas ocasiones, le hemos atribuido el mismo significado «terminal» que a veces adoptamos ante la evaluación, sólo que en este caso realizada por el alumno; desde el significado más netamente sumativo: «¿tú qué nota te pondrías?», a otros significados cercanos a las propias prácticas de evaluación del profesor: «ahora coged el libro y corregid vuestros propios ejercicios». Recordemos que los orígenes más inmediatos de la autoevaluación del alumno (en cuanto a regulaciones institucionales) los podemos encontrar en los programas oficiales del 70 (las llamadas *Nuevas orientaciones* nacidas a raíz de la Ley General de Educación), una de cuyas consecuencias fue la edición de fichas de trabajo individualizadas por parte de las editoriales, que venían a acompañar a unos inmensos libros de texto llamados *consultores*, donde la autoevaluación se contemplaba a través de unas fichas específicas (de color azul) que el alumno debía contestar y a las que luego se le ofrecía la oportunidad de corregir y calificar.

Si entendemos la autoevaluación no como la comprobación de si nuestra respuesta es un acierto o un error, sino como la capacidad de elaborar criterios y juicios razonados sobre nosotros mismos o sobre nuestras realizaciones, resulta que la autoevaluación es un objeto posible, y además valioso, de enseñanza y aprendizaje. Y, probablemente, la mejor forma de educarse en la capacidad de elaboración de criterios para juzgarnos a nosotros mismos o a nuestras realizaciones sea la de compartir con otros los juicios y criterios por los que los demás juzgan nuestras realizaciones. Quizás parezca un galimatías pero la idea es muy simple: la evaluación podría enseñar a los alumnos a evaluar y evaluarse.

Si, por ejemplo, evaluamos el cuaderno de clase tomando como referencia unos criterios, quizás podamos explicar y negociar con los alumnos el por qué esos criterios «valen la pena», de igual forma que si utilizamos un examen escrito para recoger información útil para la evaluación, podemos analizar con los alumnos el porqué de esa prueba y los criterios para juzgarla. Corregir un cuaderno de clase o un examen es, entonces, experimentar sobre cómo unos criterios negociados y asumidos se aplican en realizaciones específicas.

El examen, desde esa perspectiva, es la adaptación de un instrumento a la actividad e intereses de los alumnos y alumnas, a los procesos de enseñanza y aprendizaje que tienen lugar en un grupo y no al contrario, es decir, la adaptación de lo realizado en clase y probablemente aprendido a un instrumento de evaluación determinado (el examen).

Y en este punto, de nuevo, podemos establecer diferencias entre las culturas evaluativas de las diferentes etapas del sistema educativo. Resulta relativamente más sencillo asumir una evaluación de alumnos que enseñe la autoevaluación y que se detenga más en la crítica constructiva antes que en la corrección y calificación en los niveles iniciales de la educación obligatoria. Conforme vamos avanzando en la ESO, los profesores se enfrentan de forma cada vez más difícil al conflicto que Stenhouse denomina «entre educar y examinar», y es que, incluso estando dentro de una etapa de enseñanza obligatoria, las presiones administrativas, sociales y la propia inercia de un sistema que, querámoslo o no, continúa siendo selectivo, hacen emerger el más antiguo de los significados de currículo como carrera y, en muchas ocasiones, carrera de obstáculos.

A modo de ejemplo, apuntar la influencia que un sistema de exámenes públicos puede tener en los propios procesos de evaluación en las aulas. Los profesores y profesoras del antiguo Curso de Orientación Universitaria saben mucho de ese problema, de lo que significa la enseñanza como preparación para superar una prueba, aspiración, por otra parte, absolutamente legítima de alumnos, padres y profesores.

Dentro de ese marco de determinaciones y de presiones en torno a la evaluación, a veces sucede que, como profesores, podemos tener más o menos claros los procedimientos a través de los cuales derivamos un juicio razonado sobre nuestros estudiantes, lo que quizás no tenemos tan claro es la función que cumple ese juicio en la enseñanza y en el aprendizaje mismo de nuestros estudiantes, más aún, quizás no tenemos claro cuál es la función que cumple ese juicio expresado en forma de calificación en el boletín de notas.

Evaluación del alumnado y diversidad

Uno de los problemas que genera no pocas contradicciones, especialmente en las aulas de enseñanza obligatoria, es el principio de tratar de ofertar una enseñanza que contemple la diversidad del alumnado como un punto de partida esencial y, al mismo tiempo, diseñar un sistema de evaluación que sea asimismo capaz de asumir la diversidad como uno de sus principios de procedimiento.

El problema surge cuando nos enfrentamos a la evaluación sumativa, pues parece evidente que una evaluación formativa, dirigida al alumno individual, centrada en sus posibilidades y limitaciones, conecta perfectamente con el principio de atención a la diversidad, ello si tenemos claramente asumido que dicho principio comienza justamente desde un diseño de actividades de enseñanza que haga posible el desarrollo individual de todas y cada una de las personas que se sientan el aula. Sin embargo, la evaluación sumativa, o una de sus derivaciones, el juicio encaminado a la calificación, presenta algunos problemas cuando lo asociamos a diversidad, especialmente cuando ese juicio se fundamenta especialmente en una o varias pruebas de rendimiento (exámenes o controles) comunes a todos los alumnos y que vienen a establecer una especie de «filtro homogeneizador» por el que todos han de pasar y cuya corrección y resultados normalmente son públicos (si no es de forma explícita, los mismo alumnos pueden pasarse sus exámenes corregidos cuando el profesor los devuelve).

Cuando del PA y NM («progresa adecuadamente» y «necesita mejorar») el profesor, en ocasiones, pasa a utilizar otras categorías construidas sobre las anteriores: NM-, NM, PA-, PA, PA+, está forzando una clasificación del rendimiento de los alumnos que, si bien es posible sirva de motivación para algunos de ellos o de satisfacción para sus familias, le hará tanto más complicado el contemplar y respetar el principio de diversidad por cuanto tiene más cabida el concepto subjetivo de los alumnos en torno a la justicia o injusticia con relación a las calificaciones que pone el profesor.

Pondré un ejemplo. Un alumno que a duras penas es capaz de alcanzar las capacidades mínimas en razón de sus dificultades de aprendizaje podemos pensar que, efectivamente merece un «progresa adecuadamente» con relación a su esfuerzo y dadas sus limitaciones. ¿Utilizamos el PA+ para diferenciar la calificación anterior de la de ese otro alumno del que sin mayores dificultades de aprendizaje es capaz de superar, con creces, las capacidades mínimas? Puede ser que no sea esa nuestra intención, pero una de las consecuencias de tal diferenciación es la de la clasificación en función de la calificación, allí donde el PA deja de ser una constatación formal de un avance progresivo y positivo del aprendizaje y pasa a convertirse en la constatación de un avance «medio positivo que, en todo caso, podía haber sido más positivo».

Cuando ya no hablamos de PA y NM y pasamos a los «insuficientes», «suficientes», «notables» y «sobresalientes» el problema se presenta en toda su complejidad. Esas calificaciones, querámoslo o no, representan una escala, una graduación en el juicio de aprendizaje, normalmente avalada por instrumentos formales de evaluación, y en este punto contemplar y respetar la diversidad choca con el concepto (subjetivo) de justicia representado por el dicho popular de «medir a todos por el mismo rasero».

Ese concepto de justicia de «medir a todos por el mismo rasero» es radicalmente diferente al de «a cada uno según sus posibilidades» y la dominancia de un significado u otro en la cultura del aula depende en cierta medida de cómo un profesor explica, razona y formaliza la evaluación (y también la enseñanza) con sus alumnos. Apunto ese «en cierta medida» porque no quiero caer en la ingenuidad de plantear que la cultura competitiva que genera la evaluación en el aula es una responsabilidad exclusiva del profesor. El marco social, la vida fuera de la escuela, incluyendo las expectativas familiares, configuran un espacio de competitividad frente a colaboración del que ni la escuela, ni los alumnos ni los profesores podemos escapar. De ahí las dificultades para tratar de hacer comprender a veces a los alumnos y sobre todo a sus familias que la calificación tiene su significado con relación al alumno calificado, y no con relación a las calificaciones del resto de alumnos. Y también las dificultades a veces para, como profesores, asumir que en enseñanza obligatoria las calificaciones lo son con relación al alumno individual.

Algunos de los principios que podemos asociar a una evaluación que respete o tenga en cuenta al principio de diversidad pueden ser las siguientes:

- Contemplar la evaluación como un componente positivo de la enseñanza, es decir, como una experiencia más de aprendizaje.
- Tratar de diseñar las diferentes actividades de evaluación desde la consideración que los alumnos tienen diferentes niveles de desarrollo.
- Tratar de diseñar actividades de enseñanza y evaluación que nos sitúen ante el aprendizaje tanto como proceso (cómo aprende el alumno) como producto (qué ha aprendido el alumno).
- Contemplar los procedimientos y estrategias de evaluación como algo que puede ser modificado con el tiempo, adaptándolas a nuevas ideas y planteamientos.
- Asumir que no siempre estamos evaluando lo que pensamos que estamos evaluando. Profundizar en los significados de la evaluación y conceptos asociados: justicia, clasificación, valor... que nosotros mismos asumimos y los que asumen nuestros alumnos.
- Dedicar un tiempo a hablar y a debatir con los alumnos sobre qué pretendemos evaluar y cómo es más justo que se haga.
- Utilizar variados instrumentos para la recogida de información.

De cualquier forma, el respeto a la diversidad comienza por reconocerla y entenderla como una condición de la enseñanza y el aprendizaje, y ello, a pesar de que la escuela «fue inventada» justo para lo contrario, para el dominio de la homogeneidad, y es por eso que probablemente en ocasiones es tan difícil pensar que si bien la enseñanza, en general, va dirigida a un colectivo, el reflejo de esa enseñanza en el aprendizaje es cuestión de todas y cada una de las personas que conviven en el aula.

3

Reconstruyendo un sistema de evaluación

Yo soy especial
Maestro, tal vez yo no siga
Sus instrucciones tan bien
Como usted querría.
Tal vez no hable tan claramente como usted.
Tal vez no lea con tanta fluidez como usted.
Tal vez no exprese mis ideas por escrito con igual precisión.
Pero estoy aprendiendo a mi propio ritmo.
¿Se da usted cuenta de eso?
(Falk, 2000, p. 93 [citando el poema de una maestra])

Introducción

Entenderé por *sistema de evaluación* el conjunto de principios y supuestos, así como de procedimientos, instrumentos, técnicas... que pone en marcha el profesor y que ordenadamente relacionados entre sí contribuyen a recoger y sistematizar la información que previamente ha considerado relevante a efectos de alcanzar juicios justificados sobre el aprendizaje de sus estudiantes.

Dentro del sistema de evaluación destaca el papel jugado por los llamados *instrumentos* o *procedimientos* de evaluación, esto es, los recursos que utilizamos para recoger información (observaciones, exámenes, cuaderno de clase, entrevistas...). Sin embargo, quisiera recalcar que el sistema de evaluación es algo más que los instrumentos y recursos utilizados, básicamente es el conjunto de supuestos y principios que dan lugar a unas prácticas concretas de evaluación y que, por tanto, vienen a justificar la utilización de unos u otros procedimientos.

Desde esta perspectiva, el sistema de evaluación utilizado por un profesor se encuentra incluido y se justifica desde su propio sistema de enseñanza, más concretamente: el sistema de evaluación es una parte consustancial al sistema de enseñanza, es un elemento clave del conjunto de acciones que, relacionadas entre sí, contribuyen al aprendizaje, entre otras razones porque mediatiza el valor que el estudiante otorga a unos posibles aprendizajes sobre otros.

> «¿Qué estudias? ¡Pero si eso no va para el examen!»
> «Estúdiate ese tema... el año pasado lo preguntó.»
> «Pon bibliografía al final del trabajo que eso cuenta...»

Así, pues, comenzaremos por tratar de analizar cómo vamos construyendo y reconstruyendo, como profesores, nuestro sistema de enseñanza y nuestro sistema de evaluación.

Nuestras creencias y teorías como docentes

Cada uno de nosotros, como docentes, trabajemos en un nivel o etapa educativa o en otro, tenemos una teoría que orienta nuestro trabajo y la toma de decisiones que continuamente realizamos desde el mismo, entendiendo por *teoría* una forma particular de ver y entender el mundo y de actuar sobre el mismo. Esto nos lleva a identificar determinados hechos de la vida cotidiana como problemáticos, a ordenarlos según un sistema de valores personal y tratar de solucionarlos de una forma y no de otra.

En el caso de los profesores y profesoras, y cuando la realidad es la que, de una forma u otra, abarca la profesión, nos podemos encontrar ante una manera de identificar los problemas, ordenarlos y darles solución que, podemos pensar, estará mediatizada por el conocimiento y dominio de las teorías y procedimientos formales, las regulaciones administrativas, la cultura profesional del puesto de trabajo (tradiciones y rutinas), etc., pero que, en la mayor parte de las ocasiones, estará orientada hacia la acción.

La orientación hacia la acción de las teorías implícitas de los profesores viene a ponernos de manifiesto la importancia de la experiencia como reguladora tanto del alcance como de la bondad de las teorías. La experiencia nos sirve para poner a prueba nuestras propias hipótesis o conocimiento sobre el alumno, sobre las actividades, sobre el contenido, los recursos o la evaluación. Efectivamente, si partimos de la idea de que la enseñanza supone la interacción de gran número de factores y circunstancias, que se constituye en una realidad compleja y dinámica que en muchas ocasiones demanda respuestas inmediatas de los profesores y toma de decisiones «en-el-momento», podemos derivar que la experiencia del profesor irá desarrollando un conocimiento profesional que será algo mucho más complejo y dinámico que la mera aplicación de teorías formales o regulaciones de origen administrativo.

Recordemos un párrafo de la entrevista que le hacíamos a la profesora protagonista de parte del primer capítulo. En su primer año de docencia nos decía:

«De pronto te vas dando cuenta de que no es tan fácil evaluar, puedes calificar examenes, trabajos, puedes utilizar una escala de observación, registros anecdóticos, todos los instrumentos que quieras, pero al final has de tomar una decisión en cuanto a la calificacion final. En la mayor parte de las ocasiones eso es fácil, pero lo más complicado es cuando tienes algunos alumnos que no han alcanzado los mínimos. Al principio me pasaba días y días pensando cómo solucionar el problema de la evaluación de algunos niños particularmente conflictivos.»

Nuestra profesora dispone de teorías y conocimiento formalizado sobre la evaluación así como de instrumentos de recogida de información y, por supuesto conoce la legislación que regula la evaluación. Sin embargo, define como problemática la situación de la evaluación de niños que no han alcanzado los mínimos o niños particularmente conflictivos. Probablemente, con el transcurso de los años, con mayor experiencia, nuestra profesora vaya aplicando procedimientos y construyendo un sistema de evaluación donde, si bien puede continuar planteando la situación como problemática, al menos su posible solución no le ocupará días y días de preocupación.

Continuemos con nuestra profesora. Después de unos años de trabajar en el primer ciclo de educación primaria la encontramos, en otro centro, en su primera experiencia de dar clase en secundaria obligatoria.

«Este año noto que he de hacer un esfuerzo adicional, y es que yo antes tenía una organización más o menos asumida con los pequeños y ahora te das cuenta de que la organización has de volver a construirla. Por ejemplo, el tema de las evaluaciones, con los pequeños no lo tienes tan marcado como ahora. Ahora sé que tengo unas partes en el curso que te dividen los contenidos y que has de evaluar. Con los pequeños, por ejemplo, sabes que hay unos procesos de lectura y escritura, y según la marcha pues vas introduciendo nuevos elementos, nuevas actividades, juegos y cosas así. La imagen que tienes de la evolución de los alumnos es mucho más global, nada viene marcado por las evaluaciones parciales porque lo más importante no es el contenido, bueno sí, pero es que se trata de contenidos o habilidades y procedimientos muy generales que en realidad son la base para procesos de aprendizaje más complejos. Y en matematicas exactamente igual, tú planteas la suma y te puedes pasar un trimestre con la suma, haces problemas, juegos...

Mientras que este año, con los grandes, ya has de tener en cuenta dos factores, la didáctica y el contenido. Y el contenido queda delimitado. Te condiciona enormemente tener que entregar las evaluaciones en un día determinado. Puedes eludir mucho más los problemas de la evaluación en los más pequeños que en los de la ESO. Además, los mayores tienen más interiorizado el tema de la evaluación, el control periódico, examen, notas... y todo eso, de alguna manera te marca un ritmo.»

Independientemente de cómo se concreta el sistema de evaluación que cada uno de nosotros desarrolla en su clase e independientemente del nivel del sistema educativo en el que trabajamos, probablemente cada uno tenemos una forma de «hacer la evaluación» que viene determinada básicamente por cuatro factores:

1. Nuestro conocimiento y formación en el ámbito de la evaluación.
2. Nuestra experiencia como docentes.
3. Las regulaciones institucionales (la normativa).
4. La cultura profesional del puesto de trabajo.

Si analizamos la descripción que nuestra profesora nos hace sobre cómo va aprendiendo sobre la evaluación, puede, efectivamente, observarse la influencia que cada uno de los factores señalados va teniendo en la construcción progresiva de su modelo de evaluación de estudiantes. Y es que uno no aprende la teoría en las aulas de la escuela de magisterio o en la facultad para luego ser aplicada sin mayores problemas. Probablemente uno va «leyendo» la teoría aprendida a través de eso que llamamos *práctica de la enseñanza* y va reconstruyendo sus formas de pensar la enseñanza en función de las circunstancias y los problemas a los que ha de enfrentarse (en ese sentido, en la universidad no enseñamos a ser profesores, sino que intentamos preparar para ser profesores). Nuestra profesora del primer capítulo, por ejemplo, en sus primeros años de docencia, pronto se da cuenta de que los niños no han leído a Piaget y que, por tanto, algunos (afortunadamente muy pocos) parecen no querer adaptarse a su teórico nivel evolutivo. También se da cuenta de que en la escuela de magisterio casi nunca se habló de los papeles, estadillos y memorias a rellenar por parte de los profesores cuando han finalizado las clases, de las reuniones interminables (a veces) de profesores, de entrevistas con padres que no quieren entender lo que ocurre con su hijo, de los cursos de formación fuera del horario escolar, del montón de cuadernos por corregir que hay que llevarse a casa...

El caso es que ese conocimiento teórico al que cualquiera de nosotros accedió en su período de formación va enfrentándose en ocasiones, en otras complementándose, con ese otro conocimiento práctico que deviene de la experiencia cotidiana. Por otra parte, no sólo trabajar en una escuela resulta diferente a hacerlo en otra, cada curso, cada grupo de clase es diferente, y eso probablemente nos obliga a revisar nuestros presupuestos de partida cada comienzo de curso y a cambiar formas de trabajar y de pensar en lo que podemos y queremos hacer en el aula.

Por supuesto la evaluación también participa de ese proceso de reconstrucción del conocimiento profesional. Cada uno de nosotros tiene un sistema de evaluación que posiblemente hemos ido rehaciendo según las circunstancias particulares en las que ha ido evolucionando nuestro trabajo y nuestra historia como docentes. Es verdad, por otra parte, que puede parecer, al menos observando la realidad, que las prácticas asociadas al ámbito de la evaluación son más complicadas de cambiar o, si se prefiere, están sujetas a más limitaciones a la hora de innovarlas que los ámbitos de la planificación o del «dar clase». Y ello quizás porque, además de su función formativa, suponen un juicio público y también de carácter administrativo, es decir, «normalizado» que se dirige a diferentes audiencias y que reflejan públicamente (más allá del grupo de clase) parte de esa profesionalidad docente.

Por otra parte, todo ese proceso de crecimiento profesional tiene lugar en un marco legal de regulaciones institucionales. Aquello que ocurre en el aula de un profesor forma parte de un proyecto que es social, académico y cultural y que, por tanto se encuentra sometido a requerimientos y normas de carácter institucional, tanto en el ámbito organizativo como en el ámbito curricular. Que la evaluación de los alumnos haya de tener el carácter de global, continua, formativa e integradora en educación primaria, por ejemplo, deja de ser una opción metodológica personal frente a otros posibles modelos de evaluación para convertirse en prescripción –en norma– cuando ha pasado a formar parte de las regulaciones oficiales sobre la enseñanza en esa etapa del sistema educativo.

Por último, las culturas profesionales sobre la evaluación son muy diferentes en las diferentes etapas del sistema educativo (cosa que complica tremendamente escribir un libro sobre evaluación). En todos los casos podemos continuar definiéndola como la elaboración de un juicio y en todos los casos podemos hablar de su función de mejorar la enseñanza, conocer al alumno, ayudarle en la valoración de sí mismo, establecer su nivel con respecto a las capacidades pretendidas..., pero hay otras funciones de la evaluación que adquieren un mayor o menor peso según donde nos situemos. El juicio evaluador también deriva en una calificación «normalizada» que resulta que va adquiriendo un mayor peso conforme avanzamos en el sistema educativo. La atención a la evaluación individualizada va siendo sustituida por la homogeneización y la inclusión va dejando paso a la selección. En el ámbito familiar del «¿qué has hecho hoy en la escuela?» se pasa al «¿te han preguntado hoy en clase?» y de ahí al «¿te han dado ya las notas del último examen?», por último, el «progresa adecuadamente» se convertirá en «suficiente», «bien», «notable» o «sobresaliente».

La misma posibilidad o necesidad de que la evaluación se constituya en un proceso compartido por el conjunto de profesores de un centro, o de una etapa o quizás de un ciclo, al menos de un nivel, se hará factible –más allá de las grandes declaraciones de principios que figuran en el Proyecto Curricular de Centro– dependiendo de la cultura del centro y de los hábitos profesionales que comparten sus profesores y profesoras. Éste es un aspecto tan importante de la evaluación que le reservamos un capítulo completo.

Lo cierto es que es en ese conjunto de circunstancias y factores diversos donde nos podemos situar cada uno de nosotros, trabajando en un determinado nivel del sistema educativo, atendiendo por una parte a las regulaciones institucionales en materia de evaluación y tratando de convertirlas en acciones dentro del aula desde un sistema más o menos coherente que hemos ido construyendo y reconstruyendo desde nuestro conocimiento profesional y experiencia. Pues bien, si de lo que se trata es de reconstruir un modelo para juzgar nuestras propias prácticas en evaluación (nuestro sistema de evaluación) con la finalidad de tratar de mejorarlas quizás podríamos seguir algunos de los pasos que utilizamos para evaluar a los estudiantes.

De qué partimos

Lo que quisiera a lo largo de las líneas que siguen es reflexionar e ir estableciendo un método que nos ayude a pensar sobre aquello que quisiéramos mejorar y podríamos mejorar sobre nuestro propio sistema de evaluación.

Por ejemplo, utilizaré el siguiente procedimiento:

1. Tomemos como referencia inicial aquello que es normativo (de obligado cumplimiento).
2. Formulemos unos criterios sobre lo que sería un buen sistema de evaluación que, lógicamente, tome como punto de partida lo normativo.
3. Propongamos a continuación indicadores a modo de evidencias que sean capaces de reflejar los criterios anteriormente enunciados.
4. Diseñemos y apliquemos instrumentos que, utilizando los indicadores, nos permitan recoger información sobre el grado en el que los criterios son seguidos u utilizados.
5. Establezcamos, mediante juicios, el mérito de nuestro sistema de evaluación.
6. Tomemos decisiones para mejorar el sistema.

Criterios sobre «un buen sistema de evaluación»

¿Cómo formular criterios sobre lo que cada uno consideraría «un buen sistema de evaluación»?

Propongo utilizar un modelo similar al utilizado por Raths (citado en el capítulo anterior).

En otras palabras, determinemos en primera instancia cuándo consideraríamos que un sistema de evaluación de alumnos en el aula es mejor que otro. Veámoslo a través de un ejemplo.

Recuperemos a nuestra profesora del primer capítulo cuando trabajaba en el primer ciclo de educación primaria.

Para una profesora de primer ciclo de educación primaria:

Un sistema de evaluación es mejor que otro si, en las mismas condiciones:

1. El proceso de evaluación deriva en beneficio para el niño. (Es formativa.)
2. Me ofrece información no sólo sobre los avances del niño sino también sobre sus intereses, motivaciones, necesidades, problemas de desarrollo, etc. (Es global.)
3. Me proporciona una información útil para pensar y hacer mejor mi trabajo.
4. Se basa más en la observación de la actividad cotidiana antes que en momentos puntuales de examen o control. (Es continua.)
5. Utiliza diferentes fuentes de información que son sencillas de utilizar y no quitan mucho tiempo.
6. Es capaz de tener en cuenta la diversidad individual, cultural y lingüística que hay en clase. (Es integradora.)
7. No produce tensión o ansiedad en los alumnos.
8. Valora más lo que saben y son capaces de hacer los alumnos antes que lo que no saben.
9. Implica colaboración con los padres.
10. Los padres entienden los informes de evaluación y los informes verbales.

A continuación, le hemos pedido a la profesora que agrupe esos criterios,de tal forma que se refleje la relación entre algunos de ellos. La profesora nos propone:

1. El proceso de evaluación deriva en beneficio para el niño. (Es formativa.)
2. Me proporciona una información útil para pensar y hacer mejor mi trabajo, pues me informa no sólo sobre los avances del niño sino también sobre sus intereses, motivaciones necesidades, problemas de desarrollo, etc. (Es global.)
3. Utiliza diferentes fuentes de información que son sencillas de utilizar y no quitan mucho tiempo, basándose más en la observación de la actividad cotidiana antes que en momentos puntuales de examen o control, por tanto no produce tensión o ansiedad en los alumnos.
4. Tiende a valorar más lo que saben y son capaces de hacer los alumnos antes que lo que no saben, y tiene en cuenta la diversidad individual, cultural y lingüística que hay en clase.
5. Implica la colaboración de los padres y su conocimiento y comprensión del sistema de evaluación.

Bien, ya tenemos un listado de criterios de evaluación que podemos tomar como referencia a la hora de repensar nuestro propio sistema de evaluación. Nótese que los criterios de evaluación también pueden ser definidos desde la lógica de la evaluación por parte del profesor, es decir, que hagan referencia a la bondad de la evaluación misma, y no necesariamente, como es habitual, desde el aprendizaje del alumno a ser evaluado. En resumen, podemos definir criterios o principios de procedimientos sobre el objeto de la evaluación –el aprendizaje del alumno–, pero también sobre el proceso mismo de evaluación.

¿Cómo podemos definir los indicadores de cada uno de los principios?

Entenderemos por *indicadores* las posibles evidencias de la práctica que nos pueden señalar el sentido y alcance (en la práctica) de un principio de procedimiento o un criterio. En realidad no es sino reflexionar sobre las posibilidades y limitaciones de reflejo de un criterio o procedimiento en un aula particular. Continuemos con el ejemplo:

Un sistema de evaluación, en mi aula, con mis alumnos... deriva en beneficio para el niño si:

- Es capaz de ayudarme a conocer no sólo si cada niño o niña ha alcanzado (o va alcanzando) las capacidades básicas, sino también a comprender sus dificultades y limitaciones.
- Ayuda a mis alumnos a ir formando criterios para valorarse a sí mismos y sus realizaciones.
- En ningún caso supone frustración para el niño.

Un sistema de evaluación, en mi aula, con mis alumnos...me proporciona una información útil para pensar y hacer mejor mi trabajo, pues me informa no sólo sobre los avances del niño sino también sobre sus intereses, motivaciones, necesidades, problemas de desarrollo, etc. si:

- Me ofrece la oportunidad de ver detrás de cada niño algo más que su desarrollo intelectual o la adquisición progresiva de capacidades básicas, en suma, me ofrece la oportunidad de saber cómo es como persona dentro y fuera de la escuela.

- Me ofrece información para diseñar programas o acciones individualizadas para niños particulares.
- Me proporciona evidencias de por qué algunas actividades de clase son mejor que otras.
- Me obliga a revisar la planificación en el sentido de volver (o insistir) sobre algunas cosas que ya se suponían «superadas», o ajustar mejor los tiempos, utilizar mejor los recursos...

Un sistema de evaluación, en mi aula, con mis alumnos... utiliza diferentes fuentes de información que son sencillas de utilizar y no quitan mucho tiempo, basándose más en la observación de la actividad cotidiana antes que en momentos puntuales de examen o control, por tanto intentará no generar tensión o ansiedad en los alumnos si:

- Dispongo de instrumentos que sirven para recopilar y guardar anécdotas y situaciones significativas de cada niño.
- Los instrumentos donde voy guardando y sistematizando las observaciones son sencillos de completar.
- El registro de actividades que llevo de cada niño incluye algo más que la calificación de sus trabajos y me permite apuntar problemas y dificultades detectados.
- La información recopilada me permite sentarme frente a los padres con la posibilidad de hablar sobre las realizaciones y evolución de su hijo con el mayor grado de concreción posible.
- El alumno sabe que los informes de evaluación tratan de tener en cuenta el «cada día».

Un sistema de evaluación, en mi aula, con mis alumnos... tiende a valorar más lo que saben y son capaces de hacer los alumnos antes que lo que no saben, y tiene en cuenta la diversidad individual, cultural y lingüística que hay en clase si:

- Parte de la idea que no se trata de valorar a todos de la misma manera sino a cada uno según sus posibilidades y limitaciones.
- Sirve de motivación para cada niño en su desarrollo.
- Las actividades de clase pueden ser planteadas a diferente nivel de dificultad y por tanto, adaptar su evaluación a diferentes niveles.
- Cada niño tuviera la oportunidad, en algún momento, de sentirse protagonista por lo que ha hecho bien o sabe hacer bien.
- Los ejercicios, controles, trabajos, deberes, etc., son devueltos al alumno corregidos y comentados y no sólo puntuados.

Un sistema de evaluación, en mi aula, con mis alumnos... implica la colaboración de los padres y su conocimiento y comprensión del sistema de evaluación si:

- Los informes escritos dirigidos a los padres están en un lenguaje comprensible para ellos desde el que pueden entender fácilmente de qué les estamos informando y el sentido del juicio evaluador.
- Una de las fuentes de información para conocer al niño es la entrevista con los padres.
- Los padres perciben que conocemos a su hijo y que tratamos de ajustar nuestra enseñanza a sus posibilidades y limitaciones.
- Los padres perciben y asumen que hay aspectos de la formación de su hijo en el hogar que necesariamente se han de llevar de forma coordinada con la escuela.

Instrumentos de recogida de información

A continuación, diseñemos y apliquemos instrumentos que, utilizando los indicadores, nos permitan recoger información sobre la forma en la que los indicadores tienen lugar en la práctica y los posibles problemas que genera su puesta en práctica.

Un primer instrumento, de carácter muy general, podría ser un listado de los indicadores seleccionados desde el cual podemos ir apuntando los problemas o la ausencia de problemas que nos permita incidir mucho más en el análisis de aquellos que parecen más difíciles de plasmar en la práctica. Ejemplo:

Mi sistema de evaluación	Valoración
1. ¿Es capaz de ayudarme a conocer no sólo si cada niño o niña ha alcanzado (o va alcanzando) las capacidades básicas sino también a comprender sus dificultades y limitaciones?	
2. ¿Ayuda a mis alumnos a ir formando criterios para valorarse a sí mismos y sus realizaciones?	
3. ¿Es cierto que en ningún caso supone frustración para el niño?	
4. ¿Me da la oportunidad de saber cómo es como persona dentro y fuera de la escuela?	
5. ¿Me proporciona información para diseñar programas o acciones individualizadas para niños particulares?	
6. Me proporciona evidencias de por qué algunas actividades de clase son mejor que otras.	
7. Me obliga a revisar la planificación en el sentido de volver (o insistir) sobre algunas cosas que ya se suponían «superadas», o ajustar mejor los tiempos, utilizar mejor los recursos...	
8. Dispongo de instrumentos que sirven para recopilar y guardar anécdotas y situaciones significativas de cada niño.	
9. Los instrumentos donde voy guardando y sistematizando las observaciones son sencillos de completar.	

Mi sistema de evaluación	Valoración
10. El registro de actividades que llevo de cada niño incluye algo más que la calificación de sus trabajos y me permite apuntar problemas y dificultades detectados.	
11. La información recopilada me permite sentarme frente a los padres con la posibilidad de hablar sobre las realizaciones y evolución de su hijo con el mayor grado de concreción posible.	
12. El alumno sabe que los informes de evaluación tratan de tener en cuenta el «cada día».	
13. Parte de la idea que no se trata de valorar a todos de la misma manera sino a cada uno según sus posibilidades y limitaciones.	
14. Sirve de motivación para cada niño en su desarrollo.	
15. Las actividades de clase pueden ser planteadas a diferente nivel de dificultad y por tanto, adaptar su evaluación a diferentes niveles.	
16. Cada niño tiene la oportunidad, en algún momento, de sentirse protagonista por lo que ha hecho bien o sabe hacer bien.	
17. Los ejercicios, controles, trabajos, deberes... son devueltos al alumno corregidos y comentados y no sólo puntuados.	
18. Los informes escritos dirigidos a los padres están en un lenguaje comprensible para ellos desde el que pueden entender fácilmente de qué les estamos informando y el sentido del juicio evaluador.	
19. Una de las fuentes de información para conocer al niño es la entrevista con los padres.	
20. Los padres perciben que conocemos a su hijo y que tratamos de ajustar nuestra enseñanza a sus posibilidades y limitaciones.	
21. Los padres perciben y asumen que hay aspectos de la formación de su hijo en el hogar que necesariamente se han de llevar de forma coordinada con la escuela.	

Veamos algunos de los apuntes de nuestra profesora:

Mi sistema de evaluación	Valoraciones
1. ¿Es capaz de ayudarme a conocer no sólo si cada niño o niña ha alcanzado (o va alcanzando) las capacidades básicas sino también a comprender sus dificultades y limitaciones?	En general sí me ayuda a determinar si cada niño va alcanzando las capacidades básicas. En cuanto a comprender las dificultades y limitaciones de cada niño, sí permite observarlas o identificarlas, quizás falta tiempo en ocasiones para poder tratar de comprender por qué unos niños sin aparentes problemas denotan un cierto retraso en el aprendizaje.
2. ¿Ayuda a mis alumnos a ir formando criterios para valorarse a sí mismos y sus realizaciones?	Creo que a través de los comentarios individuales de los trabajos y las correcciones durante la realización de los mismos el niño va tomando conciencia de que su esfuerzo vale la pena y que su trabajo esta bien hecho. Tengo dos problemas: no tengo claro si eso ayuda al niño a formar criterios para valorarse a sí mismo o si sólo estoy proponiendo criterios externos al niño que él se acostumbra a seguir porque soy la maestra. Y segundo problema: ¿qué pasa con los niños que hacen las cosas habitualmente mal? Resulta difícil intentar que ese niño con dificultades desarrolle criterios para valorarse a sí mismo cuando el resto de compañeros de la mesa o de la clase observan que su trabajo no está bien y lo verbalizan (a veces burlándose de él).
3. ¿Es cierto que en ningún caso supone frustración para el niño?	No es cierto, las comparaciones que inevitablemente los niños hacen sobre sus trabajos y correcciones supone a veces frustración para algunos niños. Probablemente yo misma habría de cuidar en ocasiones el lenguaje a la hora de valorar públicamente determinadas realizaciones, en el sentido de que una alabanza no signifique menosprecio de lo que otros han hecho.
18. Los informes escritos dirigidos a los padres están en un lenguaje comprensible para ellos desde el que pueden entender fácilmente de qué les estamos informando y el sentido del juicio evaluador.	En general los padres parecen entender lo que significa el informe de evaluación. Sin embargo, en muchos casos siguen obsesionados con el hipotético lugar que ocupa su hijo/a con relación al resto de la clase. En algunos casos identifican el «necesita mejorar» con un suspenso. Lo suelen relacionar con el escaso tiempo que el niño dedica en casa a preparar los deberes. A veces preguntan si necesitarían un profesor en casa que les ayude a repasar.

Éstos serían ejemplos sobre cómo cada indicador puede constituirse en un elemento de análisis y reflexión sobre su significado cuando tratamos de ver su reflejo en al trabajo cotidiano del aula.

Por supuesto que, al igual que sucede en la evaluación de alumnos, podríamos utilizar otros instrumentos para recoger información sobre algunos de los indicadores planteados. Diseñemos un instrumento en forma de cuestionario de valoración:

Pregunta	**Sí**	**A veces**	**Nunca**
Cuando la profesora me felicita por algo que he hecho bien en clase siempre se lo cuento a mis padres.			
Me gusta mucho que la profesora diga lo que he hecho bien en voz alta delante de los compañeros.			
Cuando la profesora me dice los fallos que he tenido, o cuando me equivoco no me gusta que se enteren los demás compañeros.			
Mis padres casi siempre me preguntan sobre lo que he hecho en la escuela.			
Les enseño el cuaderno a mis padres para que vean mis trabajos.			
Etc.			

Con respecto a los alumnos como «fuente de información», más que el cuestionario de valoración podría resultar incluso más significativa la observación atenta de las reacciones que suponen en el aula algunas de nuestras intervenciones en asuntos relativos a la evaluación y sobre las que, normalmente, no nos hemos fijado, o al menos no nos hemos detenido a pensar sobre ellas.

Observación

- Situación: *Reparto de los cuadernos de clase que me llevé hace dos días para corregir.* Cuando reparto los cuadernos de clase corregidos, la primera reacción es la de que cada uno mira el suyo. A continuación se ponen a comparar con los compañeros de la mesa de al lado. Comentan y gesticulan sobre las anotaciones que les he hecho. Normalmente les pido silencio y que cada uno esté pendiente de lo suyo.

- Hipótesis: *Resulta inevitable que traten de comparar, para ellos significa «situarse» con relación a los demás. En ese sentido:*

¿Puede resultar positivo que comparen sus resultados? ¿Valdría la pena incluso dejar un tiempo para que comenten sus correcciones? ¿Puede eso ayudarles a una mejor comprensión de lo que significa valorarse a sí mismo y valorar a los demás?

Las entrevistas con los padres, el uso que hacen en casa del boletín de calificaciones, el conocimiento que tienen sobre el trabajo cotidiano de sus hijos, etc., se constituye en otra de las fuentes de información que nos permite ir aclarando de qué manera los indicadores planteados se reflejan, tanto de forma general en una cultura compartida de la evaluación como en casos particulares de alumnos y familias.

Enjuiciemos nuestro sistema... y probemos a mejorarlo

¿Cuáles son los méritos de nuestro sistema de evaluación?

Esa es una pregunta a la que nos podríamos aproximar desde la información que hemos ido recopilando. Ello dando por supuesto que los méritos lo son con relación a ese modelo o forma ideal de evaluación que hemos definido inicialmente a través de los principios de procedimiento. Enjuiciar los méritos de nuestro propio sistema de evaluación significa, en este caso, disponer de información que nos permita derivar qué es lo que aparentemente estamos haciendo bien y qué es aquello que valdría la pena cambiar para mejorar el sistema.

Algunas de las categorías que podríamos utilizar para establecer si realmente –permítaseme la metáfora– «progresamos adecuadamente» o quizás «necesitamos mejorar» en nuestro sistema de evaluación podrían ser:

- En cuanto a la cultura evaluativa del aula.
- En cuanto a tener claro qué es lo que quiero y puedo evaluar.
- En cuanto a las formas en las que cotidianamente hago la evaluación informal.
- En cuanto a las formas en las que se desarrolla la evaluación más formal.
- En cuanto a la posibilidad de evaluar desde diferentes instrumentos sin que eso suponga demasiados problemas.
- En cuanto a disponer de la información suficiente para derivar calificaciones debidamente justificadas.
- En cuanto a los cauces por los que informo a los padres.
- En cuanto a las formas por las que la evaluación sirve a los alumnos.
- En cuanto a lo que la evaluación significa para la mejora y revisión de mi práctica.

Quizás desde el juicio profesional sobre alguna de estas categorías pudiéramos pensar que el sistema puede ser mejorado. Probablemente siempre puede ser mejorado. Y estas mejoras pueden ser planteadas a modo de hipótesis sobre las cuales vamos a tratar de investigar si nos acercan a ese modelo o forma de evaluación posible que planteábamos el inicio del procedimiento: «una evaluación es mejor que otra si...»

¿Cuáles son las mejoras que propone nuestra profesora desde su análisis de la situación de su sistema de evaluación?

Son varias, detengámonos en alguna de ellas:

En la situación de repartir los cuadernos de clase una vez corregidos dejaré un tiempo y les invitaré a que, si quieren, comparen con los de otros compañeros. Eso supone que:

- Previamente a entregarles las libretas haré un resumen de lo que me han parecido, los fallos más frecuentes así como los aspectos positivos más repetidos. Insistiré en que cada uno ha de verlo como «su» trabajo y que yo sé que detrás de cada libreta está cada uno de ellos y ellas, a veces aplicando un esfuerzo mayor y en otras menor. Volver a comentar con ellos los criterios que utilizo para valorar las libretas.
- En las correcciones y apuntes en el cuaderno, intentar poner siempre una frase o palabra de ánimo que signifique una consideración positiva.
- Cuando la corrección se centre en aspectos negativos: corrección de ortografía, limpieza, orden, actividad o ejercicio mal hecho, etc., explicar claramente dónde está el error.
- Intentar no hacer sobrevaloraciones ni minusvaloraciones extremas.
- Abrir un turno de palabras al final para comentar los trabajos y las correcciones. Es un buen momento para comentar, por ejemplo, de lo que han hecho, ¿qué es lo que más les ha gustado?, ¿qué les ha resultado más difícil o trabajoso?, etc. Sería un buen momento para que entendieran que las correcciones les sirven para mejorar su trabajo y sería un buen momento para hacerles entender que las libretas y sus comentarios también me sirven para mejorar mi trabajo.

Otra de las decisiones que toma es con relación a los trabajos que los alumnos hacen en grupo. Algunos alumnos han manifestado que «a veces se valora a todo el grupo y sólo han trabajado unos pocos... y eso es injusto». La posible mejora en este caso, entiende nuestra profesora, no es tanto la de mejorar el sistema de evaluación por cuanto mejorar la estrategia didáctica o actividad de trabajo en grupo. El problema no radica en que «si trabajan unos pocos no se debería de valorar a todos por igual», el problema radica en que la forma en la que está presentado el trabajo de grupo posibilite que «trabajen unos pocos».

El error quizás está en dar indicaciones de cómo se debe de realizar una tarea de grupo bajo la hipótesis de que todos van a participar. Creo que la situación podría mejorar si, al mismo tiempo que doy las indicaciones de qué es lo que hay que hacer en el trabajo de grupo, intento identificar diferentes tareas para cada uno de los integrantes del grupo que, sumadas, den como resultado que cada uno ha aportado una parte del trabajo y que su esfuerzo cuenta para el resultado final. Eso significa:

- Establecer tareas con diferente nivel de complejidad.
- Intentar organizar los grupos de trabajo de forma que haya un cierto equilibrio entre los mismos.
- A ser posible dar las instrucciones de las diferentes tareas por escrito.
- Mientras los grupos trabajan (en el aula) pasear entre ellos y comprobar que se siguen las indicaciones.

- A la hora de valorar los trabajos, insistir en el resultado como consecuencia de un trabajo colectivo y también individual de cada uno de los integrantes del grupo.

Reflexión individual sobre la evaluación y su valor de cambio

Hasta aquí un posible modelo para reconstruir nuestro propio sistema de evaluación de alumnos. Idea central: la reflexión puede mejorar nuestro trabajo en la medida en que observamos ese trabajo en el aula como una hipótesis que merece la pena vivirse y experimentarse. ¿Cuáles son las limitaciones de ese proceso de análisis, reflexión y mejora de la realidad? Plantearé un principio de procedimiento básico: El análisis, reflexión y mejora de nuestro propio sistema de evaluación será tanto mejor en la medida en que no se constituya desde una situación individual sino que se edifique sobre una acción de debate colectivo.

Eso es posible en algunas ocasiones y en otras es difícil, sobre todo si por *debate colectivo* entendemos el debate entre los profesionales que comparten su trabajo en un centro educativo, área, etapa o nivel. El problema de que, individualmente, tratemos de analizar y valorar nuestro propio trabajo para mejorarlo es que, siendo una condición necesaria para el desarrollo de la profesionalidad, es posible que no sea suficiente. Nuestra visión particular sobre la enseñanza, los problemas de la enseñanza y, en el caso que nos ocupa, sobre la evaluación de estudiantes responde a una teoría personal. Para que esa teoría personal y práctica elabore nuevos significados posibles sobre la realidad a veces es necesario «chocar» con la realidad y darse cuenta de que aquello que consideramos apropiado no funciona y que, por tanto, hay que pensar en otras cosas. El modelo que he propuesto no es sino una forma de identificar zonas de la práctica donde seguramente convendría «pensar en otras cosas», identificando aspectos mejorables y soluciones posibles.

Sin embargo, también es probable que nuestra propia teoría personal nos impida reconocer el «choque» como tal. Quiero decir que a veces podemos pensar que hacemos lo apropiado y que si no funciona es por razones que escapan a nuestro entendimiento o a nuestro control. También a veces podemos reconocer que, efectivamente, hay cosas que no funcionan como nos gustaría pero nos justificamos pensando que en realidad no pueden funcionar de otra manera. Incluso hay ocasiones en que las cosas no funcionan y simplemente no lo reconocemos.

De ahí el valor de, en el modelo que he propuesto, tratar de recabar información de los alumnos y sus familias, o de tratar, de vez en cuando, de observar la realidad cotidiana como si no lo fuera. Pero más allá del valor de contar con la información de alumnos y padres está el valor de poder contar con la mirada profesional de otros colegas en similar situación a la nuestra. Ese es el sentido y el alcance de una evaluación compartida.

Entenderé por *evaluación* (de alumnos) *compartida* aquel proceso de evaluación desarrollado por uno o varios docentes que se realiza tomando como referencia un conjunto de criterios y de principios de procedimiento que han sido definidos y asumidos por un grupo de docentes. Hay, por supuesto, otras formas de enfocar la evaluación compartida, por ejemplo, desde la perspectiva de la autoevaluación institucional llevada a cabo por los profesores y profesoras de un centro escolar. En el caso que nos ocupa nos centraremos exclusivamente en la evaluación de estudiantes como objeto del proceso evaluador, dejaremos para el último capítulo lo que significa trabajar desde el marco de una evaluación institucional de centros, profesores y programas.

Este modelo o forma de plantear de forma colectiva el proceso evaluador del alumno si tiene un sentido es porque se asume que la enseñanza en un centro escolar, en un seminario o departamento es tanto mejor por cuanto se define como un proyecto compartido de escuela y de currículo.

Evaluación, currículo y escuela

Hay muchas formas de definir el concepto de currículo y ello no esconde tanto un problema de imprecisión conceptual como básicamente un problema de concepción acerca del papel de la escuela y la enseñanza.

Así, por ejemplo, partir de una definición del currículo como el conjunto de objetivos, contenidos, medios y criterios de evaluación de una etapa, ciclo o nivel podría llevarnos a pensar que eso que denomino un *currículo compartido* básicamente consiste en un problema de tener como referencia los mismos objetivos, contenidos, medios y criterios de evaluación.

Por mi parte, prefiero optar por una definición menos academicista y observar el currículo como todo aquello que un alumno o alumna vive en la escuela desde que entra por la mañana hasta que sale por la tarde, desde que comienza su escolaridad –quizá a los tres o cuatro años– hasta que la finaliza, esto es, un conjunto de experiencias y vivencias, en gran medida planificadas, que le posibilitan un crecimiento intelectual, social y académico.

Toda esa amalgama de experiencias y vivencias durante el período de escolaridad es lo que viene a constituir el currículo que una escuela ha ofertado o posibilitado a un alumno o alumna. Visto desde esa perspectiva, resulta más sencillo pensar que, efectivamente, en todo ese proceso –escolar pero, sobre todo, vital– resulta necesario, al menos conveniente, que los profesionales que trabajan en un mismo proyecto compartan un conjunto de principios que permitan que esa amalgama de vivencias y experiencias del niño o niña a lo largo de su escolaridad se constituya en un *continuum* coherente de crecimiento y relación, y no en una suma de proyectos parciales, a veces contradictorios, desde los que el niño aprende, afortunadamente, a sobrevivir desde los primeros años de escolaridad.

Tal como planteó Stenhouse hace ya casi veinte años, resulta difícil de continuar manteniendo una concepción altamente individualista de la autonomía del maestro.

> *La individualidad del profesor no sigue ya basándose, ni está integrada, en una común visión del conocimiento. Precisamos, o bien una línea de acción dentro de la escuela, o al menos, una integración negociada de las contribuciones de los profesores.* (Stenhouse, 1984, p. 242)

¿Cuál es la situación actual como para que resulte difícil mantener esa posición de defensa del individualismo docente?

Yo creo que fundamentalmente, y en los tiempos que corren, nos enfrentamos a una especie de relativismo en varias de las esferas de acción y pensamiento docente frente a los que no resulta defendible enfrentarse con el argumento exclusivo de la autonomía y profesionalidad individual del docente.

Por *relativismo* entiendo la situación generada por la incapacidad o inseguridad a la hora de responder claramente a las cuestiones referentes al qué y cómo enseñar, potenciado, además, por una lectura parcial sobre el constructivismo, donde podría parecer que es el profesor individual, frente al alumno individual quien, tomando como referencia los conocimientos y experiencias de éste último, decide cuál es el mejor curso de acción.

Esta visión de la profesionalidad docente se ha visto fortalecida, además, por un discurso oficial –una retórica de la reforma– que, en ocasiones, ha venido insistiendo en la reflexión del profesor (individual) como casi el eje exclusivo de su propia mejora.

De tal forma que la situación podría resumirse en que las cuestiones relativas a objetivos, contenidos, incluso criterios de evaluación de carácter general podrían ser trabajadas y delimitadas desde un contexto colectivo (proyecto curricular de centro, de etapa o de área), sin embargo, las cuestiones relativas al método –qué se hace en el aula y cuáles son los procedimientos por los que evaluamos a los alumnos– corresponden exclusivamente a la esfera del pensamiento y acción del profesor individual.

Esta perspectiva de profesionalidad docente de carácter individualista podría ser quizás consecuente con una escuela donde, por una parte, los contenidos y objetivos de la enseñanza están claramente delimitados y donde hay un cierto consenso en torno a los métodos de enseñanza.

Es, entonces, cuando la posible línea de coherencia en la historia curricular de un alumno a lo largo de la escolaridad viene delimitada por una sucesión de profesores y profesoras unidos por un «qué y cómo» enseñar más o menos común, avalado por un currículo básico escasamente negociable y por un conjunto de métodos sustentados por el conocimiento didáctico.

Sin embargo no es éste el caso. En la actualidad ni parece existir un consenso, mucho menos una definición, en torno a contenidos y objetivos de la enseñanza y, por otra parte, tampoco parecen existir criterios en torno a la idoneidad de unos u otros métodos o instrumentos. Es, entonces, cuando la posible línea de coherencia en la historia curricular de un alumno o alumna a lo largo de su escolaridad en un centro escolar vendrá determinada por una sucesión de profesores y profesoras unidos por aquello que esos mismos profesores y profesoras consideren que debe ser compartido o, mejor, que «vale la pena» ser compartido.

Es desde esta perspectiva desde donde deberíamos contemplar la organización del centro escolar, no ya como el marco burocrático administrativo cuya expresión gráfica es el organigrama, sino como el conjunto de relaciones y tradiciones propias de un centro cuya máxima expresión es justamente una práctica compartida que evidencia y trata de responder a un modelo de escuela.

Una evaluación compartida

Tal como he apuntado, el ámbito distintivo de la profesionalidad basada en la autonomía individual del profesor lo constituyen básicamente las decisiones con relación al método de enseñanza, es decir, en lo que se refiere a «aquello que sucede» en el aula y, cómo no, la evaluación viene a formar parte integral de «aquello que sucede» en el aula. Como ya hemos visto, los procedimientos de evaluación no sólo forman parte del método, además tienen lugar en una cultura evaluativa del aula que mediatiza los significados acerca de lo que es valioso o no es valioso aprender.

Desde esta perspectiva, es cierto que pueden definirse criterios de evaluación comunes de forma colectiva, por ejemplo, a través del Proyecto Curricular de Centro, pero en la medida que en el establecimiento de esos criterios de evaluación por parte de un equipo de profesores y profesoras no se aluda al método, en realidad podríamos perfectamente hablar de grandes principios que, es posible, apenas comprometan las formas y sentido de la evaluación en el interior del aula.

En otras palabras, ningún profesor o profesora de un colectivo docente se atrevería a discutir la necesidad de «compartir» una evaluación democrática, continua, individualizada, integral, formativa, cualitativa, etc. El problema podría surgir cuando, por ejemplo, ese mismo grupo de profesores y profesoras decide discutir qué entienden cada uno de ellos por evaluación continua, y más aún, todavía podría complicarse más el asunto cuando se discutiera qué tipo de prácticas, en el aula, deberían de desarrollarse por todos y cada uno de esos profesores y profesoras y que vinieran a identificar una forma común de entender y trabajar la evaluación continua.

Permítaseme la licencia de una metáfora más o menos facilona. En el vestuario, momentos antes de saltar al campo, cabe pensar que todos y cada uno de los componentes de un equipo de balonmano comparten un objetivo común: ganar el partido. Pero ese objetivo común a cada uno de los jugadores se convierte en compartido, cuando además del objetivo hay una estrategia o una táctica común, donde cada jugador sabe cuál es su puesto con relación a los demás y cuando se conoce el papel de cada cual. Es cierto que hay un elemento de improvisación y de autonomía, por supuesto; es en ese punto donde se diferencia al buen jugador del que no lo es, pero ello enmarcado en un trabajo de equipo, en una estrategia compartida.

¿Qué se puede negociar y, por tanto, compartir en evaluación?

A veces sucede que cuando preguntas a alumnos y colegas qué entenderían por «un buen profesor» o qué es lo que hace diferente al «buen profesor» del que no lo es, las respuestas tienen que ver con lo que el profesor hace (o deja de hacer) en el aula con sus alumnos, en el sentido de «conocer profundamente su materia», «saber enseñar», «interesar a los alumnos por lo que enseña», «respetar a sus alumnos», «utilizar buenos recursos en el aula», etc. Casi nadie suele contestar en referencia a lo que los profesores y profesoras hacen cuando no están en el aula trabajando con sus alumnos y alumnas. Efectivamente, suele ocurrir que cuando pensamos en la profesión de enseñante, de docente, suele venir a nuestra mente eso, un profesor o profesora frente a un grupo variable de alumnos y alumnas, dando clase.

Cuando lo cierto es que si lo que se hace en clase tiene un sentido más allá de ocupar un lapso de tiempo con actividades más o menos divertidas, aburridas, individuales, en grupo, fáciles o difíciles... si todo eso tiene un sentido institucional y cultural más allá del momento, es porque deriva de un plan, de un proyecto que comienza en la declaración constitucional del derecho a la educación y que acaba en la programación del profesor.

Fue Jackson (1991) quien, en *La vida en las aulas* habla de esa otra faceta de la enseñanza consistente en lo que el profesor hace con relación a su trabajo en el aula cuando no está dando clase, es decir, cuando no está frente a sus alumnos denominándola *enseñanza preactiva*. Y conviene recordar que, en primer lugar, es desde ese espacio que llamamos *enseñanza preactiva* donde se sitúa la planificación de la evaluación, como situación en la que pensamos sobre la enseñanza, la que ha habido y la que habrá, y tomamos decisiones sobre lo que debemos, podemos o queremos evaluar en el aula.

Y es justamente en esa situación preactiva –de planificación– donde debe comenzar la negociación en torno a qué compartir en evaluación, ello bajo la hipótesis de que compartir en evaluación es, sobre todo, compartir en enseñanza.

En todo caso, el valor de lo que se hace o deja de hacer en el aula no viene determinado por la calidad y claridad de los objetivos que persigue, sino por la calidad de los aprendizajes que genera. Y no olvidemos que la relación entre objetivos y aprendizajes no es causal. En ese sentido, creo que la evaluación mejorará sólo si se mejora la enseñanza y los aprendizajes.

> *El qué, cómo, cuándo evaluar –[son] preguntas que parecen encerrar la quintaesencia del ser de la evaluación, cuando en realidad son recursos metodológicos que permiten ordenar el discurso sobre la misma– carecen de sentido si antes no sabemos qué, cómo, cuándo enseñar, qué, cómo, cuándo el alumno aprende y el contexto más amplio en el que se producen estos procesos.* (Álvarez, 1994, p. 315)

Y es justamente cuando tratamos de observar la evaluación de estudiantes desde ese contexto más amplio del que habla J.M. Álvarez que la negociación sobre aspectos compartidos de la evaluación en realidad no es sino una parte de la negociación sobre aspectos compartidos de la enseñanza.

Volviendo a la cuestión que da título a este epígrafe... ¿qué se puede negociar y, por tanto, compartir en evaluación?

Si partimos de una definición amplia de evaluación de estudiantes como la elaboración de juicios que tanto informan al estudiante y su familia sobre su evolución, como que nos resultan útiles para comprender la enseñanza y tomar decisiones informadas sobre las acciones a realizar en el aula, al menos son potencialmente negociables los siguientes aspectos:

- Criterios o principios para la elaboración de los juicios.
- Aspectos referidos a la forma de recoger información para la elaboración de juicios.

- Principios en torno a la toma de decisiones relativas a la emisión de los juicios.
- Principios por los cuales se justifican los anteriores aspectos y que sean susceptibles de examen crítico (parafraseando a Stenhouse).

¿Cómo negociar aspectos compartidos de la enseñanza y la evaluación?

En primer lugar, supone bien la existencia de una tradición de participación y debate en la escuela, bien la necesidad de ir creando, progresivamente, esa tradición de participación.

Esa cultura de la participación, en el ámbito que nos ocupa, podría tener su referente en diferentes planos de la actividad escolar:

- ¿Qué es negociable en el ámbito de la evaluación desde el proyecto educativo del centro?: principios generales en torno a la evaluación de los alumnos.
- ¿Qué es negociable en el ámbito de la evaluación en el proyecto curricular del centro?: criterios de evaluación y principios de procedimiento más o menos generales.
- ¿Qué es negociable en el ámbito de la evaluación por diferentes colectivos de profesores de un centro (etapa, ciclo, seminario, departamento)?: sobre todo principios de acción, prácticas concretas en torno a la evaluación. Porque lo cierto es que si todo ese conjunto de aspectos «negociables» por los diferentes colectivos tiene un sentido o significado preciso es porque, al final, se reflejará en acciones de prácticas de aula y de centro.

Al menos hay dos formas o, mejor, dos lógicas a la hora de abordar el problema:

1. Ir de lo general a lo concreto, es decir, comenzar planteando los grandes principios «negociables» en evaluación, para sucesivamente ir concretando hasta llegar a acciones de aula.
2. Partir de las acciones concretas, cotidianas, de evaluación para, desde su análisis crítico y debate, ir tratando de valorar qué es lo que «vale la pena» negociar y compartir, e ir estableciendo los principios que dan cobertura a esa forma de entender la práctica evaluativa.

Lo cierto es que la lógica tradicional del discurso pedagógico tiende a considerar la primera de las alternativas como la más plausible. Ir de lo general a lo concreto. En gran medida, eso de ir de los grandes principios hacia su concreción progresiva en acciones de aula deriva de la consideración firmemente asentada que el camino lógico es el de «la teoría primero, la práctica después» o, en todo caso, también es un reflejo de la cultura pedagógica de la llamada *pedagogía por objetivos* donde, recordemos, el esquema básico era el de partir de los grandes fines o metas del sistema para, de forma progresiva, ir concretando los objetivos hasta llegar al nivel del objetivo operativo.

La propia estructura del sistema de desarrollo curricular nos devuelve a esa primera opción, donde el camino del DCB hasta la planificación de aula no es sino un sistema de concreción progresiva del currículo.

En mi opinión, hay un problema en esta primera opción cuando lo aplicamos al ámbito de la evaluación. Resulta relativamente sencillo ponerse de acuerdo, compartir un conjunto de principios generales relativos a la evaluación de estudiantes por parte de un colectivo de profesores.

Efectivamente, si la LOGSE nos apunta en su artículo 15 que «la evaluación de los procesos de aprendizaje de los alumnos será continua y global» en el caso de los estudiantes de primaria, o que será «continua e integradora» en el caso de la secundaria obligatoria (Art. 22), puede resultar, como decía, relativamente sencillo proponer un conjunto de principios compartidos –a más amplios y generales mayores posibilidades de compartir– en torno a los calificativos de «continua», «global» o «integradora».

La dificultad estriba cuando en ese proceso de concreción se van planteando aspectos o principios de la práctica que el profesor considera irrenunciables, por tanto no sometibles a negociación, y lo que podríamos identificar como el «listón» de la negociación queda establecido en un punto donde jamás se llega a discutir y analizar cuáles son las prácticas cotidianas de evaluación y si realmente podrían ser mejorables.

En ese sentido, propongo no tanto partir de principios generales, sino de cuestiones relativas a cómo esos principios generales son traducidos en principios de acción, tal como sucedía en la propuesta de reconstrucción del sistema de evaluación de un profesor. Así que retomemos el mismo procedimiento de reconstrucción de un sistema de evaluación. Una cuestión inicial podría ser planteada de la forma siguiente:

> *¿Cuándo, para nosotros, como profesores en este centro, un proceso evaluador es mejor que otro?*
> Un proceso evaluador es mejor que otro si:
> - Es capaz de contemplar las diferencias individuales en cuanto a:.....
> - Utiliza diferentes fuentes de recogida de información.
> - Tiene en cuenta la capacidad limitada del profesor a la hora de utilizar información.
> - Proporciona información útil al alumno para su desarrollo personal.
> - Etc.

A continuación podríamos identificar criterios a través de los cuales podamos calibrar o valorar el alcance del principio de procedimiento establecido.

Por ejemplo:

> *Diremos que la evaluación es capaz de contemplar las diferencias individuales en cuanto a estilos de aprendizaje si:*
> - Contempla tanto el trabajo individual como el colectivo.

- Contempla la capacidad de cada estudiante para organizar su trabajo de forma autónoma.
- Contempla diferentes fuentes de información a la hora de comprobar el rendimiento escolar.
- Etc.

Diremos que la evaluación tiene en cuenta la capacidad limitada del profesor a la hora de utilizar información si:

- La información a recoger no significa una sobreacumulación de datos sobre los que no se puede trabajar.
- Permite al profesor justificar los juicios derivados desde la evaluación.
- Permite a los profesores pensar sobre la información recogida en orden a tomar decisiones.
- Etc.

El establecimiento y negociación progresiva de estos principios y criterios, bien sea desde el PCC, bien sea a nivel de seminario, bien sea por un equipo de profesores coordinados por el tutor del grupo, nos permitirá no sólo evaluar, también, el desarrollo de un proyecto compartido sino ir revisando y adaptando progresivamente dichos principios a la realidad evolutiva del grupo.

Tomar como punto de partida la investigación

Partir de las experiencias cotidianas para valorar conjuntamente qué es lo que «vale la pena» y, por tanto, qué es negociable de aquello que se hace y lo que se podría hacer en el aula, en mi opinión, tiene un valor potencial de cambio e innovación en las prácticas de enseñanza que se relaciona con el desarrollo o crecimiento profesional de los profesores y profesoras en la medida en que posibilita un mayor conocimiento y control sobre su trabajo.

Su dificultad mayor radica en que se hace necesaria una cultura previa de la participación y el debate. Esta cultura profesional en torno al debate puede potenciarse si entendemos que debatir es algo más que «reunirnos y dar opiniones». Suele suceder, sobre todo en claustros numerosos y en aquellos donde «desde hace tiempo todos nos conocemos», que resulta difícil establecer una cultura del debate quizás porque en realidad ya sabemos lo que cada uno piensa o quizás porque sólo es un núcleo del colectivo el que parece asumir la tarea de «tirar» de los demás o quizás porque las diferencias entre personas o grupos se asumen como irreconciliables.

¿Por qué no partir de la investigación?

Debatamos desde nuestros propios puntos de vista, pero hagámoslo sobre una parcela de la realidad bien delimitada. Y esa parcela la podemos establecer a través de los resultados de nuestra propia investigación como profesores.

Investigar no es sino indagar de forma ordenada, metódica, sobre una realidad para tratar de explicarla. Para ello, en ocasiones formulamos explicaciones o relaciones previas en forma de hipótesis o, simplemente, enunciamos una serie de preguntas o cuestiones desde las cuales tratamos de construir un método bien para comprobar las hipótesis enunciadas, bien para tratar de responder a las cuestiones planteadas.

Todos los profesores y profesoras tenemos dudas y problemas en nuestro trabajo, y es que todo acto educativo demanda tomar decisiones, elaborar juicios, hacer valoraciones, tratar con individuos, etc., a los que tratamos no sólo de enseñar a multiplicar, a leer o formulación química, también tratamos de hacerles más autónomos y libres desde el conocimiento. Y en muchas ocasiones lo hacemos desde un principio de incertidumbre o, en otras palabras, lo hacemos desde la asunción de que lo que hacemos «vale la pena» (en el sentido de que es «lo probablemente más apropiado») antes que desde una orientación puramente técnica hacia «lo correcto» (en el sentido de «lo debido»).

> *Habida cuenta de la complejidad de su tarea, el docente tiene que aprender a tolerar un elevado grado de incertidumbre y ambigüedad. Se contentará con hacer, no lo que sabe que está bien, sino lo que piensa o siente como acción más apropiada en una determinada situación. En suma, debe «tocar de oído».* (Jackson, 1991, p.198)

Es cierto que «tocamos de oído», de lo que se trata es de afinar todos los instrumentos de la orquesta. Una práctica reflexiva de carácter colectivo se definirá como aquella que está sujeta a revisión y debate, allí donde el valor de cambio e innovación de esa reflexión encuentra su lugar más idóneo en el contexto de la escuela donde se trabaja y con los colegas con los que se comparte un proyecto común, ya que es ahí justamente donde se pueden construir nuevos significados del cambio posible.

¿De qué nos sirve la investigación en ese proceso de reflexión colectiva?

Dicha cuestión nos sirve para partir de un mismo origen.

La propuesta es la de configurar pequeños equipos de trabajo entre el profesorado, entre dos y tres personas, que asumen la responsabilidad de informar al resto de aquellos aspectos referidos a la evaluación que, a priori, pueden considerarse problemáticos y que por ello se embarcan en un proceso de recogida y análisis de información, y que a través de un breve informe tratan de describir la situación e incluso hacer propuestas de mejora.

Algunos ejemplos de problemas a investigar pueden ser:

- ¿Cuántos exámenes escritos realiza un alumno de segundo de eso a lo largo del año?
- ¿En qué medida las orientaciones que damos a los estudiantes sobre sus respectivos cuadernos de clase pueden ser comunes a los diferentes profesores y profesoras de un curso?
- ¿Son eficaces las sesiones de evaluación?
- ¿Informa lo suficiente el boletín de notas?
- ¿Hay desequilibrios entre la forma en la que evaluamos de un curso a otro?
- Etc.

Describir en primer lugar y analizar posteriormente lo que hay detrás de cada una de estas cuestiones puede llevarnos, como grupo, a ir estableciendo una cultura del debate basado en la investigación que poco a poco irá abordando cuestiones más complejas que nos permitan establecer esas áreas de negociación de la práctica.

Un ejemplo de investigación sobre evaluación

Hagamos un seguimiento de un trabajo de investigación sobre la cuestión *«¿Se producen desequilibrios en la forma en que evaluamos de un curso a otro?»*.

Nos vamos a situar en un centro escolar de educación primaria. Son dos los profesores que asumen la tarea de trabajar sobre el problema (pensar en grupos numerosos de profesores podría complicar la realización de la tarea ya que puede resultar difícil coordinar tiempos disponibles). Estos dos profesores podrían ser definidos como profesores «razonablemente buenos», quiero decir que no deseo utilizar en el ejemplo a un modelo de profesor «crítico o renovador a toda costa», hasta es posible que sus acciones o planteamientos en ocasiones parezcan tradicionales o conservadores. Pero ahí están, su compromiso con el equipo de etapa (o con el claustro) es el de proporcionar un informe, en un plazo de un mes, por escrito, con la siguiente estructura:

1. Definición del problema.
2. Establecimiento de preguntas o hipótesis sobre el problema.
3. Plan de trabajo en cuanto a recogida de información.
4. Resumen de conclusiones.
5. Propuestas de mejora.

Nuestra pareja de profesores, diseñan el siguiente plan de trabajo:

1. *Problema a investigar.* ¿Se producen desequilibrios en la forma en que evaluamos de un curso a otro? El problema surge cuando en los últimos cursos de primaria parece haber una mayor utilización del examen como instrumento de evaluación y se observa que los alumnos, hasta ese momento, han efectuado pocas pruebas escritas en forma de examen y, al menos al principio, les cuesta entrar en la lógica de contestar por escrito y sin material a una serie de preguntas.
2. *Preguntas a responder.*
   - ¿Es cierto que los alumnos no están acostumbrados al examen antes de llegar a los dos últimos cursos de primaria?
   - ¿Es cierto que en esos dos últimos cursos se introduce el examen como instrumento de evaluación fundamental? ¿Por qué?
   - ¿Qué efectos tiene todo esto en los alumnos y profesores?
3. *Plan de trabajo.*
   - Reunión con los profesores de los dos últimos cursos de primaria para analizar el problema. Básicamente recoger información sobre:
     - Cuántos exámenes realizan a lo largo del primer trimestre.
     - Qué tipo de exámenes utilizan.
     - Cuál es el índice de éxito/fracaso de los exámenes.

- Cuál es el valor que se le da al examen escrito en la evaluación.
- ¿En qué radican los fallos más habituales?: problema de expresión escrita, de dominio de conceptos, de no entender las preguntas...
- Hasta qué punto están de acuerdo en que los alumnos no están acostumbrados al examen y ello influye en su rendimiento.

- Reunión con profesores de cursos anteriores. Recoger información sobre:
  - Hasta qué punto utilizan exámenes escritos, sin material, en los procesos de evaluación.
  - Cuál es el valor que se le da al examen escrito en la evaluación.
- Se plantea la posibilidad de un cuestionario anónimo, dirigido a los alumnos de los últimos cursos de primaria, sobre opiniones en torno a los exámenes. Se desecha por falta de tiempo para diseñarlo y luego «vaciarlo». Al final se opta por una reunión con los alumnos de alguno de los últimos cursos de primaria, se piensa que es posible que los alumnos no hablen claramente de los problemas habiendo un profesor delante, pero se valora como una opción que puede resultar útil, siempre que no haya ningún profesor del grupo, y se le explique a los alumnos el objeto de recabar información sobre los exámenes que hacen y cómo los hacen.

Después de las reuniones y ante la información recogida, nuestros profesores elaboran un informe que se presenta en la reunión convenida de profesores y profesoras de la etapa y que pasamos a transcribir:

INFORME DE INVESTIGACIÓN

- **Fecha:** 21/2/2002
- **Autores:** Carlos Andrés y Alberto Esteve.

Problema

¿Se producen desequilibrios en la forma en que evaluamos de un curso a otro?

(El problema se centra en el pase de segundo a tercer ciclo de primaria.)

Preguntas/Hipótesis

1. ¿Es cierto que los alumnos no están acostumbrados al examen antes de llegar a los dos últimos cursos de primaria?
2. ¿Es cierto que en esos dos últimos cursos se introduce el examen como instrumento de evaluación fundamental? ¿Por qué?
3. ¿Qué efectos tiene todo esto en los alumnos y profesores?

Plan de trabajo

1. Reunión para diseñar el plan (21/1/2002).
2. Reunión con equipo del tercer ciclo (4/2/2002).
3. Reunión con equipo del segundo ciclo (6/2/2002).
4. Reunión con un grupo de tercer ciclo (11/2/2002).
5. Reunión para ordenar información y escribir conclusiones (15/2/2002).

Resumen de conclusiones

De las reuniones mantenidas con los compañeros y compañeras de segundo y tercer ciclo, así como la reunión que tuvimos con el grupo de alumnos de tercer ciclo, queremos hacer constar la disponibilidad de todos en hablar sobre el tema y manifestar sus opiniones.

Las conclusiones a las que hemos llegado analizando la información proporcionada por los distintos colectivos son las siguientes:

1. No es cierto que los alumnos no hayan hecho exámenes escritos antes de llegar al tercer ciclo. Lo que ocurre es que, anteriormente, excepto en algunos casos, ellos perciben que la importancia de los exámenes era menor a la hora de la calificación. Efectivamente, los colegas de segundo ciclo señalan que el examen se complementa con los trabajos de grupo, las libretas de clase, comportamiento, etc.
2. Con respecto a la importancia del examen en tercer ciclo, los alumnos perciben que es lo más importante para calificarles. Los compañeros de tercer ciclo señalan que utilizan otros criterios de evaluación complementarios al examen que quizás el alumno no perciba. En todo caso, por las respuestas y comentarios en la reunión con los compañeros y compañeras de tercer ciclo sí que denotamos la importancia que se le da al examen, entre otras cosas, se nos ha señalado que es así porque hay que ir acostumbrando a los alumnos que dentro de poco entrarán en secundaria y ahí el examen es muy importante.
3. Los compañeros de tercer ciclo señalan que sí observan ciertos problemas de expresión escrita. Comentado a su vez con los de primer ciclo, nos señalan que eso es un problema que se arrastra desde atrás y que tiene que ver con la falta de hábitos de lectura.
4. Los profesores de tercer ciclo nos comentan que es posible que los primeros exámenes del curso estén peor que conforme se van acostumbrando al tipo de examen que cada uno pone. En este punto, observamos unanimidad en la consideración de que están más acostumbrados, y responden mejor a exámenes de preguntas cortas que de temas amplios.
5. Los alumnos manifiestan que ante los exámenes se ponen un tanto nerviosos, que les crea ansiedad sobre todo cuando se acumulan varios exámenes en una misma semana, normalmente cuando se acaba un período de evaluación.

Propuestas de mejora

Proponemos que se discutan y consideren las siguientes medidas u otras que pudieran derivarse del informe:

1. Consideramos que sería positivo que en tercer ciclo se informara claramente a los alumnos y se insistiera en el valor que tiene el examen con relación a otros criterios o instrumentos de evaluación.
2. Parece que los alumnos están menos preparados para realizar exámenes que no sean de preguntas breves. Debería haber cierta estrategia de coordinación entre los compañeros y compañeras de segundo y tercer ciclo para introducir progresivamente el hecho de contestar y organizar un tema por escrito y sin material.
3. Nos parece una buena idea que a principio de curso se proponga algún examen, en cada materia, que no se tenga en cuenta para poner notas, sino que sirva para ir demostrando al alumno cómo se puede desarrollar y qué criterios se utilizarán para calificarlos.
4. Es difícil, pero habría que estudiar la manera de que no se acumularan tres o más exámenes en una misma semana.

Este informe de investigación es el material que se utiliza como base para la discusión del claustro para analizar el problema y tomar decisiones sobre cómo mejorar, de forma compartida y negociada, la evaluación de alumnos. Asimismo, este informe, junto con otros que igualmente se han ido realizando en paralelo, pasa a formar parte de los archivos del centro como evidencia e historia de un proyecto curricular de centro que está vivo y es útil.

¿Qué no es negociable en evaluación?

Para finalizar, me gustaría plantear el problema de qué es lo que no resultaría negociable en el ámbito de la evaluación, en otras palabras, aquello que necesariamente debería constituir, sin lugar a dudas, un espacio compartido por todos los profesores y profesoras, irrenunciable, que ni puede ni debe ser sometido a negociación.

Yo creo que si enseñamos matemáticas, lengua, sociales o educación física en la escuela lo hacemos desde la perspectiva general de que, al mismo tiempo, enseñamos a ser ciudadanos libres en una sociedad democrática. Y, por tanto, forman parte de los procesos de enseñanza y de evaluación las vivencias y experiencias sobre la ciudadanía en una sociedad democrática. Y ahí, creo yo, radica uno de los aspectos de la escolarización que necesariamente no puede ser negociado sino simplemente asumido.

¿Qué significa eso en evaluación? Entre otros aspectos, yo creo que no es discutible o negociable, por ejemplo, que los procesos de evaluación se constituyan en propiedad exclusiva, en práctica privada de un profesor o profesora bajo la consideración de que se trata de «aspectos técnicos» de la profesión. En mi opinión, «aquello que ocurre en un aula», el currículo en suma, se constituye en una oferta pública de carácter educativo. Por supuesto que esa práctica se construye y diseña bajo parámetros profesionales, pero también éticos, y tanto unos como otros han de ser públicos y sujetos a debate.

También pienso que no es negociable un supuesto enfoque y práctica evaluativa que no respete la individualidad y privacidad de las personas que son evaluadas, es decir, que trate a las personas como objetos de evaluación, independientemente de sus sentimientos, de sus posibilidades y limitaciones y de sus situaciones personales.

No sería negociable una evaluación que potenciara la violencia (simbólica) sobre el estudiante de forma premeditada. Tampoco es negociable una evaluación basada en la amenaza sobre su utilización o una enseñanza basada en la evaluación como amenaza.

Conviene, por último, recordar que más allá de las matemáticas, lengua, sociales o educación física, estamos evaluando, elaborando juicios, sobre personas, en última instancia, estamos elaborando juicios sobre la lectura que hacen nuestros estudiantes sobre determinados aspectos de eso que llamamos realidad y que nosotros dividimos en matemáticas, lengua, sociales o educación física.

Y conviene recordarlo porque puede suceder que, en ocasiones encerrados en nuestra parcela de la realidad, matemáticas, lengua, sociales o educación física, olvidamos que la realidad es algo mucho más complejo que, hoy más que nunca, necesita el esfuerzo coordinado de todos para ser entendida y, no digamos, para establecer criterios negociados sobre los cuales guiarnos para entender y valorar cómo los estudiantes leen y actúan en la realidad.

4

Instrumentos para tratar de evaluar

Ante tres dibujos, uno que representa a un pintor, otro a un deportista saltando una valla y otro a un buzo.
PROFESOR: ¿Quién es el artista?
El niño señala al deportista.
PROFESOR: Fíjate bien... ¿Quién crees que es el artista?
El niño vuelve a señalar al deportista.
PROFESOR: Pero... ¿por qué crees que ese es el artista?
ALUMNO: Pues está claro ¿no?... ¿no está saltando?... pues es un saltista.

Introducción

Es más fácil ser juez en una competición de saltos de altura que ser juez en una competición de patinaje artístico. El juez de la competición de saltos de altura básicamente ha de verificar que el salto es correcto, incluyendo que la pértiga en sus características materiales es legal y verificar que la barra se mantiene en su lugar una vez el atleta ha saltado. Nunca sabemos nada acerca del juez excepto su imagen levantando la banderita que indica si el salto es válido. En una competición internacional, la nacionalidad de los jueces nos puede parecer una cuestión irrelevante pues poco pueden influir en el resultado del salto (al menos aparentemente).

Ser juez en la competición de patinaje artístico es bastante más complicado. Se trata de valorar los aspectos técnico y artístico del patinador. Por supuesto que hay establecidos una serie de criterios para la valoración, pero no son absolutamente objetivos en la medida que han de ser interpretados en cada caso particular. Quizás por eso hay nueve jueces y la valoración final viene determinada por la media de las calificaciones de cada uno de ellos, incluso desestimando la calificación más alta y la más baja en el cálculo de esa media. Y en este caso resulta que, en una competición internacional, sí puede interesarnos la nacionalidad y la «dureza» de algunos jueces en particular. Quizás por ello en la pantalla de televisión van apareciendo las puntuaciones de los jueces bajo la banderita de sus países respectivos, o podemos leer en el periódico noticias como ésta:

> La presunta politización de los jueces del patinaje artístico sobre hielo en parejas ha desatado un escándalo. Ottavio Cinquanta, presidente de la Unión Internacional de Patinaje (ISU), se tuvo que defender con uñas y dientes ayer, durante 80 minutos, en una de las conferencias de prensa olímpicas más multitudinarias, tras la polémica derrota en la final del lunes de los canadienses Jamie Salé y David Pelletier ante los rusos Elena Berernaya y Anton Sijarulidze, que cometieron errores.
>
> Cinco de los nueve jueces, los de Rusia, China, Ucrania, Polonia y Francia, dieron el triunfo a la pareja rusa, y cuatro, Canadá, Estados Unidos, Alemania y Japón, a la canadiense, pese a que Sijuralidze cometió al menos un error claro. Las sospechas, siempre sin pruebas, de intercambio de votos, se centran en la juez francesa para que en la posterior competición de danza, sus colegas del Este favorecieran a sus compatriotas Marina Anissina y Gwendal Peizerat.
>
> «Hemos tratado de mejorar el sistema de puntuaciones, pero el patinaje no se mide por tiempo o distancia. Siempre entrará la subjetividad humana, por lo que puede haber errores mientras no sean de mala fe. Si en la investigación que está abierta se encuentran irregularidades tomaremos medidas. Pero no podemos permitir que el público, o los medios de comunicación, se conviertan en jueces».
>
> (*El País*. Jueves, 14 de febrero de 2002)

Probablemente la evaluación de alumnos se parece más a los juicios que se hacen desde la competición de patinaje artístico que las mediciones y comprobaciones en los altos de altura. Sólo que, habitualmente, no hay nueve jueces para determinar un juicio, es el profesor el que, a través de diferentes instrumentos tamizados por su propia capacidad y responsabilidad profesional, ha de derivar un juicio. Tal como sucede en patinaje artístico, ese juicio se basa en unos criterios para valorar, pero han de ser interpretados en cada caso particular. El instrumento es un mediador entre los criterios de evaluación y la información que derivamos de la realidad para ser enjuiciada.

La utilidad de un instrumento en el ámbito de la evaluación de alumnos radica fundamentalmente en su potencialidad para poner de manifiesto aquello que se pretende evaluar y en su posibilidad real de ser bien utilizado. Es decir, utilidad y factibilidad. Nuestra apreciación de la realidad a evaluar –conceptos, procedimientos, actitudes– puede verse distorsionada tanto si el instrumento utilizado no nos pone de manifiesto, no nos proporciona información, sobre lo que pretendemos evaluar, como si el instrumento resulta tan costoso de aplicar (por complejidad del instrumento o por falta de tiempo o por falta de formación) que su utilización implica más problemas y dificultades que otra cosa.

Veamos un ejemplo. Una prueba objetiva de verdadero-falso nos puede resultar útil para comprobar que el alumno recuerda informaciones precisas sobre un texto. Si nuestro interés es el de comprobar el grado de comprensión del texto, la capacidad del alumno por analizar críticamente las ideas o establecer relaciones entre los conceptos que aparecen en el mismo, difícilmente una prueba objetiva de verdadero-falso servirá para recabar tal información. En el mismo sentido, tratar de recabar información desde diferentes y variados instrumentos puede llevar al profesor a una tarea de recopilar y ordenar informaciones (exámenes, observaciones sistemáticas, corrección de cuadernos y trabajos, registros anecdóticos, escalas...) que resulta imposible de sistematizar dado el tiempo de que dispone. En ese sentido resulta importante apuntar, de nuevo, la incidencia de las condiciones de trabajo de los profesores y profesoras en la utilización de técnicas o instrumentos altamente estereotipados y que presentan una sensible homogeneidad de unas aulas a otras.

Exámenes, trabajos, cuadernos...

Quizás por esa homogeneidad en instrumentos y sistemas de evaluación entre diferentes profesores no resulta tan complicado para un alumno socializarse en las diferentes culturas de evaluación de las diferentes asignaturas, y es que, en general, no hay grandes variaciones, mucho menos si existe cierta coordinación y se comparten criterios comunes entre un equipo de profesores y profesoras.

¿Cuáles son esos instrumentos de evaluación? Según los datos que nos ofrece el Centro Nacional de Calidad y Evaluación en su resumen informativo sobre *Aspectos de la práctica docente del profesorado que tienen más relación con el rendimiento de los alumnos de primaria* (Informe n.º 22 de octubre de 2001), sobre una muestra de 1.264 coordinadores de ciclo, se llega a la identificación de diferentes formas de evaluación como más dominantes entre el profesorado de educación primaria:

- Utilización simultánea de diferentes procedimientos.
- Uso de la observación como base de la evaluación.
- Evaluación a partir de las producciones escritas por los alumnos.
- Evaluación basada en el trabajo en grupo.
- Exámenes y registros.

En este mismo informe se apunta lo siguiente:

Pero de todas las formas de evaluación, la que más relación tiene con el rendimiento es la que se lleva a cabo a través de exámenes y registros. (INCE, 2001. Resumen Informativo 22, p. 5)

De todas formas, un apunte más a este dato. Según el informe mencionado, existen diferencias estadísticamente significativas entre las prácticas evaluadoras de los centros de titularidad pública y los centros privados. Así, si nuestro hipotético alumno cursara la etapa primaria de su escolaridad en un centro privado, hay muchas probabilidades de que para evaluar su rendimiento se utilizaran más frecuentemente distintos procedimientos de evaluación, la observación como base de la evaluación y los exámenes y registros. Caso de que asistiera a una escuela de titularidad pública, es más probable que la evaluación de su rendimiento se basara más en el trabajo en grupo y la realizada a partir de su producción escrita.

Utilizando como referencia otro estudio del INCE (Resumen Informativo n.º 15, Julio de 2001) sobre *Estilo docente del profesor de educación primaria*, y según opiniones de los coordinadores de ciclo sobre las prácticas docentes más frecuentes en cada uno de los ciclos de educación primaria, pude observarse cómo va aumentando la utilización del examen o control de un ciclo a otro. Así, si en el primer ciclo la frecuencia de utilización de exámenes y controles entre el profesorado es el 33%, aumenta al 67% en el segundo ciclo y se dispara al 79% en el tercer ciclo.

De nuevo acudiendo al INCE y a sus resúmenes informativos, el número 16 (Julio de 2001) nos habla de *Estilo docente del profesor de educación secundaria obligatoria* y, en este caso, las respuestas corresponden a profesores del último curso de esta etapa en el año 2000 agrupados en tres áreas: ciencias sociales, lengua y matemáticas.

> *Los profesores de más del 70% de los alumnos de educación secundaria obligatoria en el año 2000 y en las áreas de ciencias sociales, lengua y matemáticas realizan con bastante o mucha frecuencia explicaciones que permiten siempre o a veces la intervención del alumno, proponen trabajos individuales en el aula, utilizan como recursos el libro de texto y el material elaborado por ellos mismos y evalúan los aprendizajes a través de intervenciones orales y exámenes escritos de varias preguntas. En cambio, la propuesta de trabajos en talleres o laboratorios, los trabajos de investigación, la utilización de medios informáticos y la evaluación a través de exámenes orales y de autoevaluación del alumno no llega al 20% de los alumnos.* (INCE, 2001. Resumen Informativo n.º 16, p. 1)

Del informe aludido se desprende que los procedimientos de evaluación más utilizados (superan el 60% de frecuencia) son los exámenes con varias preguntas y la observación de los cuadernos en el caso de ciencias sociales, los exámenes de varias preguntas, la observación de trabajos y observación de cuadernos en lengua y, por último, los exámenes con varias preguntas y las pruebas objetivas en el caso de matemáticas.

Acudiendo al trabajo de síntesis que realiza Gimeno desde la investigación sobre el período de la transición a la educación secundaria y desde la información ofrecida por las opiniones (a través de cuestionario) de más de 2.000 estudiantes de primer curso de bachillerato y de 1.800 que, en el curso 94-95 finalizaban sus estudios de Educación General Básica, podemos apuntar nuevos datos sobre las prácticas de evaluación en los centros escolares.

Por ejemplo, el hecho de realizar exámenes en días seguidos parece, en opinión de los alumnos, una práctica frecuente en la evaluación (64% en el caso de bachillerato y 52% en el caso de primaria).

> *La presión de la evaluación, además de apreciarse en su frecuencia y en su cariz arbitrario, se deja notar en su acumulación en el tiempo. Los procedimientos formales de evaluación (la realización anunciada de exámenes), frente a los informales (la apreciación cotidiana del trabajo escolar y del aprendizaje en las tareas que se realizan), tienen una mayor capacidad de resaltar el control de lo aprendido y de condicionar el estudio para dar cuenta de él. Por su mismo carácter periódico y por la propia regulación administrativa de que son objeto, tienden a coincidir y a concentrarse. Hacer exámenes en días seguidos o, incluso, en el mismo día es un indicador de la intensidad de las prácticas de evaluación.* (Gimeno, 1996, p. 163)

Cuando a los alumnos se les pregunta sobre qué creen que sus profesores tienen en cuenta a la hora de valorarles, señala Gimeno que, en primer lugar, «lo que cuenta» (siempre en opinión de los alumnos) son las notas obtenidas en los exámenes, seguido de tener al día el cuaderno de trabajo y el buen comportamiento en clase. Lecturas por cuenta propia, trabajos en grupo y la intervención en discusiones en clase son aspectos que según los alumnos cuentan poco (Gimeno, 1996, p. 163)

Algunos de estos datos nos vienen a poner sobre la mesa los hechos y circunstancias de la evaluación como ámbito de la profesión docente y como ámbito de la actividad de «ser estudiante». Probablemente no son novedosos, al menos en el sentido en que nos descubran una realidad desconocida, pero no por conocida parece suficientemente explorada o explicada. Por ejemplo, ¿por qué los alumnos de los cursos superiores opinan que se les reconoce poco el trabajo en grupo a la hora de ser evaluados? Si eso es así, ¿se trata de un problema técnico en el sentido de que el profesor no dispone de instrumentos para enjuiciar el trabajo grupal? o ¿se trata del dominio de una concepción sobre la evaluación como juicio sobre lo individual? O, por ejemplo, ¿qué influencia tiene la regulación administrativa sobre las evaluaciones a lo largo del curso para el desarrollo de determinados modelos de evaluación en el aula?, ¿dispone de tiempo suficiente el profesor para «llenar» de contenido el período de una evaluación y, además, recoger información desde diferentes fuentes e instrumentos para evaluar al alumno de una forma diferente a corregir su cuaderno de trabajo y hacer un examen?

Una de las condiciones básicas de la evaluación educativa consiste en que debe ser factible, esto es, «debe emplear procedimientos evaluativos que puedan ser utilizados sin demasiados problemas» (Stufflebeam y Shinkfield, 1987, p. 27). Nada nos lleva a pensar que si ese principio es válido para los profesionales en la evaluación de centros, programas o profesores no pueda serlo para los profesionales de la docencia que, por ello, por ser docentes, evalúan a sus alumnos. Sin embargo, el problema de la evaluación de alumnos se complica un poco más, sobre todo cuando asumimos que esa evaluación debe tener un carácter formativo, esto es, que debería proporcionar información para la mejora de nuestra enseñanza y de «sus» aprendizajes. Es entonces cuando esa condición de «ser factible» debería ser común a quien evalúa y quien es evaluado, esto es, debería emplear procedimientos evaluativos que puedan ser utilizados sin demasiados problemas por los profesores y también por los alumnos.

Analicemos, a continuación, algunos de los procedimientos y posibles fuentes de información en evaluación.

Preguntas en clase

Que el profesor haga preguntas en clase suele ser un hecho habitual en la mayor parte de las aulas en un centro escolar. La finalidad de hacer una pregunta dirigida al grupo en general o a alumnos en particular puede tener diferentes motivaciones: restablecer o mantener el interés o atención por parte de los alumnos, detenerse o centrar una temática específica, comprobar si los alumnos siguen al profesor, como forma sistemática de evaluación del estudiante, como forma de poner en evidencia a un alumno que parecía no estar suficientemente atento, etc.

En este caso hablaremos de la formulación de preguntas en clase como una forma o técnica de evaluación informal, tanto del desarrollo de la clase como de recoger información sobre el avance de los alumnos.

¿Cómo podríamos caracterizar una «buena pregunta» en clase? En primer lugar, y como condición básica, una buena pregunta es aquella que el alumno entiende, esto es, sabe perfectamente lo que se le está solicitando cuando ha de responder. Esta condición es tan elemental que resulta aplicable, como veremos, a cualquier instrumento de evaluación que exija una respuesta por parte del alumno.

Las preguntas en clase representan un potente instrumento a la hora de pensar en una evaluación de carácter diagnóstico, es decir, que sea capaz de situarnos ante los aprendizajes previos que los alumnos tienen ante el comienzo de un tema o unidad didáctica. Pero también es un potente instrumento para comprobar el desarrollo progresivo de la enseñanza, así como la comprensión de los alumnos durante el proceso de enseñanza y aprendizaje. Lo cierto es que hablamos de preguntas porque, habitualmente, será el profesor el que vaya planteando los interrogantes significativos a efectos del desarrollo de una lección o tema pero quizás deberíamos también hablar de diálogo.

> *Un camino útil para observar la enseñanza es considerarla como una forma de diálogo. En las mejores circunstancias una persona dialogará con otra persona. La mayor parte de nuestra comunicación y aprendizaje efectivos fuera de las escuelas se apoya, de hecho, en el diálogo. [...] Una teoría implícita en educación es que cuanto más adultos son los estudiantes, más se utiliza el monólogo. En algún lugar entre el actual diálogo y el monólogo en una sola dirección se lleva a cabo la comunicación en la mayor parte de la enseñanza secundaria.* (Shuy, 1998, p. 161)

Preguntas en clase y el valor de los errores

Creo que al hilo de tratar el tema de las preguntas en clase conviene apuntar el valor de los errores como consecuencia de esas preguntas.

> *Error es diferente a punto menos. Debe identificarse como una etapa, un momento en el proceso dinámico de aprendizaje. Superarlo con la ayuda del profesor será formativo. Penalizarlo, restándole puntos, es ponerlo en situación de obligado silencio.*
> (Álvarez, 1993, p. 30)

La construcción de conocimientos, como tarea mutua entre profesor y alumnos, necesita de la interacción, de preguntas y respuestas que, como he señalado, podría situarse en un marco de diálogo más que desde un escenario de interrogatorio. Por supuesto que en muchas ocasiones formularemos preguntas cuya respuesta se presenta como única y verdadera, pero quizás indagando sobre los porqués de una respuesta errónea podamos llegar a la respuesta correcta o, al menos, detectar dónde se encuentra la dificultad para alcanzarla.

Veamos un ejemplo. Quizás preguntando al alumno sobre el concepto de *volumen* podamos llegar a la conclusión que conoce el concepto de *volumen*. Si más allá de darnos una definición establecida nos lo explica con sus propias palabras, incluso poniendo algún ejemplo, probablemente podamos derivar que el alumno comprende el significado del concepto *volumen*.

Cuando disponemos sobre la mesa del profesor dos recipientes con agua y preguntamos cuál tiene más volumen, podemos esperar de los alumnos respuestas correctas e incorrectas. Si, en esa misma situación planteamos, por ejemplo, la cuestión de: «Teniendo en cuenta los objetos que disponemos en esta aula, aquí y ahora... ¿sería posible comprobar científicamente cuál de los dos recipientes tiene más volumen de agua?», el problema cambia, la respuesta se convierte en hipótesis a ser comprobada, el volumen deja de ser un concepto a memorizar o comprender y se convierte en un problema de razonamiento y de creatividad de pensamiento, más si tenemos en cuenta que no nos encontramos en un laboratorio con instrumentos de medida, sino en un aula con materiales convencionales.

Inducir a los alumnos a que investiguen situaciones y desarrollen un pensamiento creativo o que tengan la capacidad de utilizar un razonamiento científico es algo más que enseñar conceptos y relaciones, es, sobre todo utilizar esos conceptos y relaciones en situaciones reales o en simuladas cuando lo anterior no es posible. Significa, también, tal como sucede en la construcción del conocimiento formalizado, moverse entre hipótesis, errores y descubrimientos.

En el ejemplo anterior, cuando un alumno propone utilizar las reglas de dibujo para comprobar dónde hay más volumen, o cuando otro señala que podríamos utilizar el bote de los bolígrafos y la papelera, o cuando aquel apunta que en el aula no disponemos de material para comprobar de forma científica en cuál de los dos recipientes hay más volumen no estamos, nosotros y nuestros alumnos, sino tratando de construir conocimiento y, con ello, aprendiendo que tenemos capacidad no sólo de conocer y comprender sino también de crear y, por tanto de transformar.

¿Cuál sería la diferencia entre una pregunta que posibilite el diálogo y una pregunta que comprueba la presencia de un aprendizaje? No tendría por qué haberla si el aprendizaje supone algo más que recuerdo de información o si la respuesta solicitada es algo más que sí/no. Esto es, si permitimos o solicitamos que el alumno argumente su respuesta, sea la correcta o no, y si permitimos participar a otros alumnos en la construcción de argumentaciones, a favor o en contra de las posibles respuestas. Por supuesto que a lo largo de una clase pueden existir preguntas que identificaríamos como de «bajo nivel cognitivo», esto es, que exigen respuestas más o menos inmediatas normalmente de recuerdo de información, tal como definiciones o aplicación automática de procedimientos, que nos sirven básicamente para mantener la atención del estudiante. Pero desde ese tipo de preguntas normalmente no se suscita el interés y la interacción, es más, según cómo se formulen significan un incremento de la competitividad en la enseñanza, de tal manera que el alumno que levanta su brazo como si quisiera extenderlo hasta el techo está esperando el fallo del colega al que se le ha preguntado con la finalidad de demostrar que él/ella sí tiene la respuesta correcta.

Plantear preguntas en clase que impliquen poner en funcionamiento capacidades más allá de la retención de información y que exijan una argumentación lógica no es sencillo. Probablemente lleva tiempo diseñarlas o pensarlas durante la planificación pero, más aún, suponen un tiempo real en el desarrollo de la enseñanza del que, en ocasiones, parece que no disponemos. Sin embargo, al mismo tiempo, suponen la evidencia más clara (al menos en el ámbito escolar) sobre cómo un alumno utiliza y experimenta sus aprendizajes ante problemas inmediatos. Esas situaciones son evidencias de un aprendizaje que probablemente es más valioso del que solicitamos a través de la respuesta en un papel.

Preguntar comenzando por «qué piensas sobre...» o «qué ocurriría si...» o «en qué medida es cierto que...», etc., y solicitar los argumentos correspondientes, no es sino ayudar al alumno a determinar la validez y relevancia de la información que deberá utilizar para resolver el problema planteado. Significa, también, ayudarle a evaluar sus propias ideas y planteamientos y enseñarle a debatirlos con los demás.

Nuestra observación atenta, como docentes, de las argumentaciones y respuestas de los alumnos y alumnas nos pueden llevar a repensar nuestra propia práctica de enseñanza, no ya en el sentido de adaptarla a los ritmos de los alumnos, sino también como fuente de ejemplos y de argumentaciones que nosotros mismos podemos utilizar cuando nos sentemos, de nuevo, a diseñar la enseñanza.

> *Lo que diferencia a un profesor excepcional de sus colegas, no es la habilidad en hacer preguntas, siendo una cuestión de primer orden, sino la habilidad en decidir en qué momento plantear la pregunta.* (Shavelson, 1973, p. 150)

Exámenes y controles escritos

Los exámenes escritos se constituyen en la forma más tradicional que utilizamos los profesores para comprobar el aprendizaje de nuestros alumnos. Más allá de su valor en proporcionar una información sobre determinadas formas de aprendizaje del alumno es necesario resaltar el contenido simbólico que, en la enseñanza, tiene el examen escrito. Ese contenido simbólico viene, en primer lugar, determinado por la propia situación de examen, una situación que decididamente se sale de lo habitual del aula, rompe el ritmo cotidiano para constituirse en situación única. ¿Qué es lo que la hace única?

- Es una situación en la que el alumno se enfrenta a una actividad de forma individual.
- Dispone de un tiempo limitado.
- No puede consultar material para solucionar dudas.
- No puede pedir ayuda al compañero ni copiar.
- Se realiza en un silencio absoluto.

Seguramente hay actividades cotidianas en el aula que recaban sobre sí alguna o varias de estas características, pero es difícil encontrarlas todas unidas en una actividad que no sea el examen. Es como si, de vez en cuando y rompiendo la marcha habitual de la clase el alumno se sintiera «solo ante el peligro», ante el peligro de diez preguntas y una hora por delante.

Depende de la forma en que cada profesor plantea en su aula el examen, pero lo cierto es que también podemos hablar de una «cultura del examen». Volvamos a nuestra profesora de siempre, la que nos ha venido acompañando desde el primer capítulo y a la que últimamente teníamos olvidada:

«Normalmente tengo la clase agrupada en mesas de cuatro en cuatro. Eso es muy útil para determinadas actividades. Sin embargo a veces, para que puedan atender mejor a las explicaciones, les pido que muevan las mesas y las sitúen de cara a la pizarra. No veas el jolgorio que se monta, carteras al suelo, bocadillos que se caen, empujones...

¿El examen? Por supuesto los exámenes los hacen de forma individual. Es curioso... ahora que lo pienso, cuando dices aquello de que «vamos a hacer un examen» en menos de un minuto tienen las mesas separadas y ordenadas en filas perfectas, sin ningún tipo de jolgorio.»

Esa cultura del examen individual, sin ayudas y en un tiempo limitado, probablemente está presente cuando, por ejemplo, a los alumnos de primer curso de la facultad les pregunto si preferirían un examen sin material o uno que se pueda realizar con material (libros y apuntes) sobre la mesa. La mayor parte responde que prefieren un examen sin material. Parece como si el hecho de que el profesor deje disponer libremente de material sobre la mesa implicará que las preguntas han de ser lo suficientemente complicadas como para que no se resuelvan buscando un texto concreto del material. Seguramente se tratará de preguntas trampa o, lo que es peor, preguntas que implican sintetizar información, analizar, comparar, etc., todas ellas destrezas cognitivas de alto nivel que, primero, no se sabe muy bien cómo luego el profesor Salinas las va a evaluar y, segundo, tampoco estamos muy seguros de disponer de dichas destrezas. Un examen típico sin material puede ser más o menos difícil, depende del profesor, pero las preguntas serán claras, «uno sabe a qué atenerse».

En todo caso, ahí están los exámenes como instrumentos de evaluación que conforme vamos ascendiendo en el sistema van tomando progresivo protagonismo en la elaboración de los juicios sobre el aprendizaje de los estudiantes.

¿Cuál es el valor del examen para determinar un juicio sobre el aprendizaje del alumno? Digamos que el examen recaba sobre sí dos tipos de valor:

- El valor intrínseco de poner en evidencia unos aprendizajes (y no otros). Como profesores, deberíamos tener muy claro qué tipo de capacidades ponen en juego las preguntas del examen que proponemos a nuestros alumnos.
- El valor externo o valor de cambio del examen con relación a otros posibles indicadores del rendimiento escolar. En otras palabras, el peso del examen con relación al juicio evaluador.

Hay otros posibles valores del examen que a veces se ponen en juego en el aula (como amenaza, como «prueba concluyente» de la calificación, como motivación hacia el aprendizaje...), pero quizás deberíamos preguntarnos, también, sobre el valor del examen como posible medio de aprendizaje del estudiante. Y en ese punto convendría replantearnos cómo devolvemos el examen al alumno o en qué consiste la función de corrección de un examen: ¿es posible comentar en clase los errores más frecuentes así como los aciertos más plausibles?, ¿es posible reconsiderar las preguntas planteadas, su errónea formulación (en ocasiones), su dificultad o facilidad?, ¿es posible comentar con los alumnos y reconocer la dificultad que supone a veces corregir exámenes?

Describamos algunos de los tipos o formato de examen escrito más frecuentes.

Examen escrito de ensayo o respuesta libre

Se trata del modelo de examen o prueba donde se solicita del alumno, a través de un conjunto de preguntas o texto a comentar, el desarrollo por escrito de un discurso organizado que evidencie sus conocimientos.

Formato

Suele tratarse de exámenes escritos de pocas preguntas (en realidad temas a desarrollar), incluso es muy utilizada la opción de elección: presentar tres temas a elegir dos, o cinco a elegir tres... Se suelen diferenciar dos tipos de cuestiones o preguntas en tal tipo de examen:

- Respuesta libre: Requiere que el estudiante ponga en funcionamiento sus conocimientos y habilidades para organizar sus ideas, estructurarlas y presentarlas en un discurso coherente.

> *Pregunta:* La evaluación continua en educación primaria.

- Respuesta orientada: En la pregunta se explicitan los aspectos relativos a ser tratados en la respuesta así como su posible organización.

> *Pregunta:* La evaluación continua en educación primaria.
> a) Qué es la evaluación continua.
> b) Referencias en el DCB.
> c) Sentido de la evaluación continua en enseñanza obligatoria.
> d) Significado de la evaluación continua en un modelo de aprendizaje significativo.

Utilidad

Se trata de una forma de examen que puede posibilitar la exposición ordenada, además del recuerdo de información, de opiniones, puntos de vista y valoraciones, por parte de los estudiantes. Por otra parte, permite al profesor, también, valorar la capacidad por parte del estudiante de construir, por escrito, un discurso lógico y bien estructurado.

Resulta más consecuente utilizar este tipo de examen desde el contexto de un modelo de enseñanza preocupado por el desarrollo del razonamiento en el alumno, su capacidad de sintetizar y valorar información, de discriminar lo fundamental de lo anecdótico, lo importante de lo secundario, etc.

Dificultades

Se trata normalmente de exámenes de una extensión considerable a los que hay que dedicar tiempo para corregir. Más si no nos limitamos a puntuar la pregunta sino que tratamos de apuntar los errores y proponer correcciones que sirvan de guía al alumno cuando le devolvamos el examen. Y eso lleva tiempo.

Desde una posición tecnicista, se dice que se trata de un tipo de prueba donde resulta difícil mantener la objetividad en la corrección. Este es un tema importante, pues es cierto que un examen de respuesta libre probablemente derive en un conjunto de respuestas a la misma pregunta de características diferentes a las que se supone que el profesor ha de valorar desde criterios similares.

Más allá de las recomendaciones que a veces se dan en algunos manuales al uso desde las que podría parecer que el profesor dispone de semanas y semanas para corregir (corregir primero, agrupar por niveles, mezclar, volver a corregir, etc.), parece importante disponer de unos criterios claros que se aplicarán en el momento de la corrección. Por ejemplo:

- ¿Resulta importante un esquema previo de lo que se va a desarrollar?
- ¿Es importante hacer referencia a las lecturas realizadas?
- ¿Las opiniones personales han de estar argumentadas?
- ¿Influye la ortografía, la buena letra, la limpieza...?

En mi opinión, en muchas ocasiones quizás el principal problema estriba en que, en muchas ocasiones, el estudiante puede que no comprenda claramente lo que se espera de su respuesta. Retomemos el ejemplo que he puesto con anterioridad:

Pregunta: La evaluación continua en educación primaria.

En realidad, y sin mayores indicaciones, ¿qué es lo que estoy solicitando de mi estudiante?:

- ¿Que hable del sentido de la evaluación continua en educación primaria?
- ¿Que me argumente si está a favor o en contra?
- ¿Que me escriba lo que dice la legislación al respecto?
- ¿Que me haga una buena redacción sobre el tema?
- ¿Que me resuma en apartados todo lo que sabe del tema?

Si no he clarificado algunas de esas cuestiones probablemente luego tendré problemas a la hora de corregir o, más previsiblemente, a la hora de justificar la calificación de la pregunta frente al alumno.

Orientaciones

Cuando diseñamos un examen de respuesta libre, resulta conveniente:

1. Presentar el examen por escrito, aunque conste de pocas preguntas. Si es posible, no dictarlo. Y, por supuesto, cuidar su presentación.
2. Escribir preguntas o cuestiones donde se explicite claramente el tipo de respuesta o razonamiento que se espera del estudiante: describir, analizar, comparar, utilizar la lógica, valorar...
3. Si es posible, dar pistas en la redacción de la pregunta para que el estudiante tenga claro cuáles son los puntos o elementos que ha de desarrollar a lo largo de la respuesta escrita.

4. Clarificar por escrito en la presentación del examen cuáles son los criterios por los que van a ser valoradas las preguntas, por ejemplo: ajustarse a la cuestión, referencia a lecturas, presentar un esquema previo de desarrollo, faltas de ortografía, legibilidad...
5. Paciencia en la corrección. Es cierto que uno se cansa de leer (y a veces de intentar desentrañar letras apresuradas) folios y folios donde resulta que no hay tanta diversidad. Corregir no es sólo puntuar, corregir significa trabajar sobre el examen apuntando orientaciones, errores, señalando aspectos significativos, planteando preguntas, etc., y eso se puede hacer si siempre tenemos en cuenta que tras un examen (también tras ese examen de letra horrible y una deficiente redacción) hay un estudiante que quizás se ha limitado a hacer lo que sabía y podía hacer y eso merece el respeto de la corrección y no sólo de la calificación.

Examen de respuestas breves

Se trata de aquel tipo de examen cuyas preguntas o cuestiones solicitan al estudiante una respuesta breve. Lo de la extensión resulta muy relativo, sin embargo identificaremos una pregunta de examen como «de respuesta breve» (con relación a las de ensayo) cuando demanda del estudiante una definición, o una descripción, o una explicación o argumentación de pocas líneas.

Formato

El ejemplo más clásico podría ser el examen de diez preguntas. Al alumno se le pide que responda de forma precisa a lo que solicita la pregunta, construyendo la respuesta en unas pocas líneas.

Pregunta: Define el concepto de evaluación continua.

Utilidad

En este caso se trata de una forma de examen que por sus características puede abarcar un conjunto de contenidos bastante amplios. Por supuesto que son útiles para comprobar el recuerdo de información (o memorización) por parte del estudiante, sin embargo, también pueden ser diseñadas en forma de pregunta breve la resolución de un problema, la aplicación de un procedimiento, incluso la capacidad de valorar una información.

Pueden ser relativamente sencillas de construir y relativamente sencillas de calificar, sin embargo, no olvidemos que conforme vamos alejándonos de las preguntas que impliquen una única y concreta respuesta, el diseño de la pregunta y su posterior corrección se complican. En otras palabras, es más sencillo preguntar (y corregir): «define el teorema de Pitágoras» que preguntar (y corregir): «formula un problema en el que sea necesario utilizar el teorema de Pitágoras para su solución» y, sin embargo, con la segunda formulación tratamos de evidenciar unos aprendizajes más complejos que con la primera, donde basta la simple memorización.

Es cierto que hay ocasiones que lo que pretendemos a través del examen o prueba es controlar que el estudiante ha estudiado un tema o temas y, por tanto, que recuerde sus extremos fundamentales. En este caso, un control de preguntas breves puede resultar útil a tal fin.

Dificultades

Un examen de respuestas breves (y en general cualquier examen del tipo que sea) será tanto más difícil de diseñar en la medida en que tratemos de recoger una información significativa sobre aprendizajes complejos frente a aprendizajes de menor complejidad (recordar, memorizar, aplicar un procedimiento simple, utilizar una regla establecida...).

Y ahí quizás radica la mayor dificultad a la hora de diseñar la prueba, el buscar preguntas que den lugar a respuestas breves pero que denoten aprendizajes que vayan más allá del recuerdo de información. Sin embargo, incluso cuando el objetivo o función de la prueba es el de comprobar el grado en el que el alumno recuerda la información que debiera haber estudiado, uno de los peligros de tal tipo de pruebas es el de la trivialización de la pregunta, es decir, tratando de formular preguntas breves llegar a formular preguntas poco representativas del conjunto de conocimientos o procedimientos a ser valorados.

Orientaciones

1. Presentar el examen por escrito, aunque conste de pocas preguntas. Si es posible, no dictarlo. Y, de nuevo, cuidar su presentación.
2. El contenido de las preguntas ha de ser familiar y relevante dentro del contexto de la enseñanza desarrollado.
3. La pregunta ha de ser lo más precisa posible (lo que no quiere decir que sea breve). Esto es, que el alumno tenga muy claro aquello que se le demanda en la respuesta.
4. Recordemos, de nuevo, que de lo que se trata es de corregir para devolver al alumno y no sólo de puntuar.
5. Es conveniente, a la vista de los resultados, comentar el examen con el grupo, analizando problemas y dificultades.

Pruebas objetivas

Las pruebas objetivas son exámenes escritos que, normalmente, están constituidos por un amplio repertorio de preguntas o ítems, cuyas respuestas están exactamente delimitadas, permitiendo una puntuación libre de interpretaciones subjetivas.

Según el tipo de respuesta que se solicita al alumno pueden distinguirse diferentes tipos de preguntas, entre otras:

- De verdadero-falso.
- De alternativa múltiple.
- De relación de pares.
- De complementación.

Preguntas de verdadero-falso

Son cuestiones que exigen al estudiante optar entre dos alternativas excluyentes: verdadero-falso; sí-no; correcto-incorrecto.

> *Ítem:*
> - En una prueba objetiva las repuestas deben estar exactamente delimitadas con la finalidad deliminar subjetividad a la hora de la corrección.. V F

Orientaciones

1. El contenido de la pregunta ha de ser relevante; a veces sucede que por intentar incluir un mayor número de cuestiones, o por tratar de reducir la respuesta a dos alternativas, el contenido de la cuestión carece de relevancia.
2. Utilizar formulaciones lo más cortas posibles, que no sean ambiguas y que contengan una sola idea. Incluir más de una idea puede llevar a que la respuesta se centre en un aspecto trivial.
3. Tener la seguridad de que la única respuesta posible se sitúa en una de las dos alternativas propuestas y de que no hay excepciones.
4. Proponer un número similar de cuestiones de respuesta «verdadero» y de respuesta «falso» y repartirlos a lo largo de la prueba de forma homogénea.
5. No proponer cuestiones que contengan negaciones o dobles negaciones.

Preguntas de alternativa múltiple

Se trata de preguntas o ítems donde al estudiante se le propone un enunciado, así como un conjunto de opciones de respuesta (habitualmente cuatro o cinco), donde, normalmente, una es la verdadera y las restantes son falsas.

Al enunciado que precede a las posibles respuestas se le denomina *base*, a la respuesta correcta *respuesta* y a las alternativas falsas *distractores*.

> *Ítem:*
> - Un termómetro es un instrumento que se utiliza para medir: *[base]*
>
> a) El volumen del agua de lluvia. *[distractor]*
> b) La velocidad del viento. *[distractor]*
> c) La dirección del viento. *[distractor]*
> d) La temperatura. *[respuesta correcta]*

Orientaciones

El contenido de la pregunta ha de ser relevante.

1. El grueso de la pregunta debe figurar en la base; las alternativas deberían ser lo más breves posibles.
2. Eliminar información redundante en las respuestas y que cada uno de los distractores resulte verosímil.

3. Evitar pistas y claves en la base que ayuden a resolver el ítem simplemente aplicando un procedimiento lógico o de sentido común.
4. Si es posible, no incluir alternativas del tipo «todas las anteriores» o «ninguna de las anteriores».
5. No proponer alternativas que contengan negaciones o dobles negaciones.
6. Distribuir el lugar de la respuesta correcta a lo largo de las diferentes posiciones de orden.

Preguntas de relación de pares

En este tipo de preguntas al alumno se le propone que relacione (mediante flechas, por ejemplo) los elementos que en forma de palabras, símbolos o frases se encuentran distribuidos en dos columnas.

Ítem:

- Relaciona mediante una línea los nombres que se relacionan en la columna de la izquierda con el libro que les corresponda como autor de la columna de la derecha (a cada autor le corresponde sólo un libro).

Ralph Tyler	*Evaluación de los aprendizajes*
Lawrence Stenhouse	*Investigación y desarrollo del currículo*
P.D. Lafourcade	*Principios básicos del currículo*

En realidad este formato de pregunta (por pares) probablemente sea uno de los primeros a los que se enfrenta el escolar en su historia en la escuela. Algunas de las actividades de trabajo en educación infantil en forma de fichas no es sino un ejercicio de relacionar pares: colores con objetos, formas, animales, etc.

Orientaciones

1. [De nuevo] El contenido de la pregunta ha de ser relevante.
2. En ocasiones se aconseja incorporar distractores, es decir, en el ejemplo propuesto, proponer más libros que autores con la finalidad de que el alumno, en algún caso, no vaya contestando por exclusión.
3. No abusar del número de pares. Un número excesivo de relaciones puede llevar a confusión, sobre todo si se utilizan líneas o flechas para establecer la conexión.
4. Evitar pistas o claves que posibiliten, a través de la lógica o el sentido común, el acierto en la conexión, a menos, claro está, que lo que se pretenda valorar sea la utilización de la lógica o el sentido común.
5. Explicar con la máxima claridad en la introducción a la pregunta (o consigna) las bases sobre las que se establece la relación solicitada (en el ejemplo propuesto la relación es autor-libro), cómo hay que establecer dicha relación (en el ejemplo, a través de una línea) y si alguno de los elementos de la izquierda puede estar relacionado con más de un elemento de la derecha (o viceversa).

Preguntas de complementación

Algunos autores las incluyen en el tipo de prueba que hemos denominado de *preguntas breves*. Se trataría de aquel tipo de preguntas que demandan del estudiante una respuesta que se concreta en una palabra, un dato, un símbolo o quizás una frase. Veamos algún ejemplo:

> *Ítem:*
>
> - Las alternativas falsas de una pregunta o ítem de alternativa múltiple reciben la denominación de ....
> - ¿Qué nombre recibe el enunciado de una pregunta o ítem de alternativa múltiple? ....
>   ....

En este caso, a diferencia del modelo de preguntas breves, resulta mucho más difícil pensar en cuestiones que traten de recoger información sobre el aprendizaje del alumno más allá de la simple (o no tan simple) memorización. Podemos comprobar a través de este tipo de pruebas el conocimiento –o recuerdo– de datos, fechas, conocimiento de términos, de hechos muy específicos, etc.

Orientaciones

1. El contenido de las preguntas ha de ser familiar y relevante dentro del contexto de la enseñanza desarrollado.
2. Enunciar la pregunta de forma lo suficientemente clara como para que no haya duda en la respuesta pretendida.
3. Evitar utilizar textos a completar sacados literalmente del libro de texto, ello sólo estimularía a «saber de memoria» las lecciones.
4. Cuando se utilizan textos incompletos se aconseja dejar el mismo margen espacio a rellenar en todos los casos para no dar pistas sobre la extensión de la palabra a introducir, ello con más razón cuando al alumno se le proponen una serie de palabras a ir introduciendo en el texto.

A propósito de las pruebas objetivas

La utilización de las pruebas objetivas tradicionalmente se ha asociado a una perspectiva tecnicista sobre la enseñanza. Ello bajo la hipótesis de que con la utilización de una prueba objetiva el profesor busca la supuesta objetividad a la hora de enjuiciar al estudiante.

En mi opinión, las pruebas objetivas, cuando son utilizadas para evaluar aprendizajes, en su mayor parte tienen el inconveniente, debido a la estructura, de solicitar al estudiante aprendizajes de escasa complejidad cognitiva. O, quizás, de ofrecer una imagen falsa del conocimiento donde no siempre las cuestiones relevantes se simplifican en verdad o falsedad o en un término a completar una frase.

Sin embargo, si no olvidamos que la prueba objetiva es un instrumento que nos permite acceder a la compleja realidad del aprendizaje desde unas limitaciones (también otros instrumentos tienen sus propias limitaciones) y que, probablemente, no se constituye en la única y exclusiva fuente de información para elaborar juicios, creo que la prueba objetiva, bien diseñada, puede ser muy útil en determinadas ocasiones. Especialmente, como hemos visto, en aquellas ocasiones en que el profesor trata de recoger información sobre la retención de conceptos, recuerdo de datos, etc. Por último, tener presente que una prueba objetiva nos proporciona una información –y no otra– resulta tan importante como conocer y dominar la técnica de construcción y corrección de una prueba objetiva. Ese es un tipo de conocimiento formalizado que no depende de la experiencia sino de la formación.

El cuaderno de clase

Uno de los instrumentos más útiles para poder seguir el avance y el alcance de los aprendizajes del alumno desde el *continuum* que representa el desarrollo del curso escolar probablemente sea el cuaderno o carpeta de trabajos. En primera instancia describiré ese cuaderno o carpeta como un conjunto de realizaciones del alumno que, presentadas por escrito y organizadas en un formato determinado, vienen a ilustrar los progresos del alumno en su aprendizaje.

El cuaderno o carpeta de trabajos (en adelante y para simplificar sólo haré referencia al cuaderno de clase) resulta muy acorde con una perspectiva de la enseñanza de carácter constructivista, es decir, una enseñanza que posibilite la construcción de significados adecuados en torno al currículo escolar.

> *Esa construcción incluye la aportación activa y global del alumno, su disponibilidad y conocimientos previos en el marco de una situación interactiva, en la que el profesor actúa de guía y mediador entre el niño y la cultura, y de esa mediación –que adopta formas muy diversas, como lo exige la diversidad de circunstancias y de los alumnos ante los que se encuentra– depende en gran parte el aprendizaje que se realiza.*
> (Solé y Coll, 1999, p. 19)

Lo cierto es que si ese cuaderno de clase, efectivamente, trata de representar el esfuerzo del alumno, aquello que ha aprendido y, sobre todo, lo que es capaz de hacer desde lo que ha aprendido, debiera de reflejar no sólo cómo hace ejercicios dirigidos sino también cómo piensa, cuestiona, analiza, resume, crea, incluso cómo colabora y trabaja con otros, de tal forma que represente el trazado del progreso del niño en el aprendizaje.

Quizás el primer ejemplo de cuaderno de clase podamos encontrarlo, de nuevo, en los primeros años de escolaridad, cuando al finalizar un trimestre, por ejemplo en la fiesta de Navidad, los niños y niñas se llevan a casa una carpeta con un montón de folios y cartulinas que vienen a representar un reflejo de parte de lo que hicieran en clase. Y lo cierto es que en pocas ocasiones puede observarse tan claramente eso que denominaba el trazado del progreso del niño, quizás porque la velocidad del desarrollo en estos primeros años es casi supersónica, y quizás, también, en pocas ocasiones puede observarse las manifestaciones explícitas de orgullo del niño al enseñar a sus familiares «sus trabajos» y evidenciar sus progresos.

Consecuentemente con lo anterior, el cuaderno de clase -tal como quiero plantearlo- no debiera constituirse exclusivamente ni en un cuaderno de ejercicios y problemas, ni el registro de los deberes para casa. Tampoco debería adquirir para el alumno el significado de *libro de actas* donde se incluyen exclusivamente el conjunto de trabajos y actividades que el profesor va mandando que se reflejen en el cuaderno de clase, para constatar, además de la calidad de los trabajos y ejercicios, que todo lo que se manda se hace, es decir que se está al día, a veces incluso numerando con antelación las páginas para que ninguna pueda ser eliminada.

El valor del cuaderno de clase no es objetivo, sino que se establece a partir de lo que pueda significar de intercambio entre profesor y alumnos. Un cuaderno de clase, su estructura, formato y su utilidad variará en función del nivel o etapa en el que se plantee.

Quizás a la hora de pensar en orientaciones e indicaciones en los primeros días de curso para la confección de ese cuaderno de clase deberíamos tener muy presente la utilidad que pueda tener para el alumno como un elemento más de aprendizaje, es decir como un elemento útil a la hora de aprender y no sólo como una referencia del producto del aprendizaje. Ello significa incluir no sólo resúmenes, esquemas, resolución de problemas, apuntes... sino también reflexiones y valoraciones personales sobre el conocimiento que se pone en juego.

¿Problemas? Seguramente situarse frente a cada cuaderno y tratar de corregirlo, en el sentido de comentarlo, valorarlo, aportar críticas constructivas, señalar los errores... Y eso lleva tiempo. Quizás podríamos pensar, más allá del tiempo disponible cuando no estamos dando clase, aprovechar los momentos en los que se trabaja en grupo o en los que cada alumno acomete una tarea individual, para sentarnos con el alumno y su cuaderno y hablar sobre él.

La carpeta de los trabajos representativos

La visión que he presentado sobre el cuaderno de clase, en realidad, más que por lo que debe de contener, debe ser entendida, en primer lugar, desde los significados que puede tener en el aula por parte de alumnos y profesor.

En ese sentido, tomemos de nuevo la perspectiva más positiva de la evaluación como el enjuiciamiento del valor o mérito de algo. Desde ese punto de partida, podríamos considerar el cuaderno de clase como una oportunidad para que el alumno o alumna participe en la definición del valor o mérito de su aprendizaje y no como un elemento o una prueba más del demérito de determinados estudiantes (probablemente disponemos de otros instrumentos para constatar la ausencia de aprendizaje). Por ello es bueno contemplar la posibilidad de que el propio alumno seleccione e incluya algunas de las realizaciones que él mismo considera valiosas y que, además sea capaz de explicitar los criterios por los cuales las juzga como valiosas. Esa elección y los criterios utilizados también nos proporcionan información sobre cada uno de nuestros alumnos y les ayuda a construir criterios para valorarse a sí mismos.

Esta forma particular de entender el cuaderno la he denominado la *carpeta de los trabajos representativos*. Podríamos definirla como una colección organizada de evidencias utilizadas por el profesor y el alumno para observar el avance del aprendizaje en cuanto a conocimientos, habilidades y actitudes en un área o asignatura específica, cuya construcción y organización es responsabilidad del alumno.

Es decir, es una forma de que el alumno nos presente y valore su punto de vista sobre su propia evolución y sus aprendizajes. Significa darle la oportunidad, tal como sucede con el dibujante novel cuando va buscando editor, de ir con su carpeta bajo el brazo y tratar de convencernos de que aquello que ha hecho ha valido la pena. Podríamos pensar que esa carpeta ha de ser presentada al final de cada trimestre o cuando finalizamos un conjunto de unidades didácticas.

En cuanto a su estructura material, debería responder a unos criterios de presentación y de expresión escrita claramente especificados. En lo que respecta a su estructura formal podríamos pedir al alumno que nos presente un índice de la selección realizada, una introducción donde nos clarifique los criterios por los cuales ha ido eligiendo los trabajos a incluir en la carpeta, los trabajos propiamente dichos, con una explicación adicional (una especie de revisión del trabajo), así como un conjunto de reflexiones y valoraciones sobre ese trabajo.

En forma de esquema:

- Índice de la carpeta.
- Criterios por los que se ha elegido un conjunto de trabajos.
- Trabajos o realizaciones.
  - ¿Por qué lo he elegido?
  - ¿Cuándo y cómo lo hice?
  - ¿Qué cambiaría ahora?
  - ¿Por qué para mí este trabajo es importante?
- Resumen o valoración final de la evaluación de mis trabajos.

Esta carpeta puede resulta útil en la evaluación del alumno en la medida en que nos puede ayudar a descubrir el modo en el que el alumno valora su aprendizaje y se hace consciente de los avances del mismo, ello si observamos la carpeta como una evidencia de los procesos de cambio y crecimiento intelectual en el niño y no sólo como un escaparate de productos del aprendizaje.

Permite, por otra parte, una perspectiva cualitativa e individualizada de la evaluación en el sentido en que las diferencias individuales, la diversidad, aflorará en cada elección y justificación por parte del alumno y pondrá de manifiesto sus propias posibilidades, necesidades y limitaciones.

Observación sistemática

Desde mi propio punto de vista, la observación de los alumnos se constituye en el procedimiento más natural para informarnos sobre la forma en la que los alumnos aprenden en el aula.

De hecho, es la observación la que nos permite comprobar al instante en qué medida los alumnos nos siguen, cómo funciona una determinada actividad, cuándo se produce desorientación, desasosiego o satisfacción en clase.

Sin embargo, más allá de la observación como percepción inmediata de la situación, podríamos señalar algunos instrumentos o procedimientos que nos permiten recopilar una información sistematizada que nos sirva de punto de referencia para reflexionar o, en el caso que nos ocupa, tomar decisiones más informadas en el proceso de evaluación de alumnos.

> *Para que la observación sistemática sea útil a los fines de la evaluación formativa debe respetar algunas condiciones básicas. En primer lugar, debe realizarse a lo largo del proceso de enseñanza/aprendizaje, y no únicamente al principio o final del mismo, pues sólo así será susceptible de proporcionar informaciones sobre la evolución del aprendizaje de los alumnos; en segundo lugar, debe materializarse en un registro que permita seguir dicha evolución; en tercer lugar tiene que incluir todas las áreas del comportamiento con relación a las cuales se han definido los objetivos educativos; y en cuarto lugar, tiene que incluir informaciones suficientemente detalladas sobre las situaciones y actividades de aprendizaje en las que se manifiestan los comportamientos registrados.* (Coll, 1983)

Veamos algunos posibles ejemplos de instrumentos o procedimientos que podrían utilizarse desde el marco de una observación sistemática.

Registros anecdóticos o de hechos significativos

Utilizando una metáfora, su objetivo es retratar en unas pocas líneas una situación o incidente que consideramos significativo. ¿En qué consiste la importancia de tal situación o incidente como para que haya de constar por escrito? No se trata de una especie de diario de clase, su objetivo es dejar una constancia escrita de un hecho o situación para no olvidarla, por tanto su valor es el que adjudiquemos a la hora de disponer de información suficiente y útil para evaluar, programar o tomar decisiones sobre la enseñanza.

Yo creo que se trata de un instrumento muy útil si se es capaz de utilizar bien dosificado, con ello quiero decir que no es práctico anotarlo todo, entre otras cosas porque ni da tiempo, ni es probable que ese «todo» nos aporte una información más significativa que nuestro propio recuerdo sobre la marcha de la clase. Ahora bien, cuando nuestra atención se centra en la evolución de un alumno en particular, en la dinámica de un grupo de trabajo, o en hechos e incidentes que merecen ser recuperados para su reflexión *a posteriori*, este puede resultar un buen instrumento.

Veamos algunos ejemplos:

Alumna/o: Oscar Alemany. **Fecha:** 21 de enero de 2002

- **Situación:** Trabajo en grupos. Elaboración del mural sobre los alimentos. Oscar continuamente se desplaza hacia el grupo donde está su amigo Eduardo y se distraen del trabajo.
- **Comentario:** Replantear la composición de los grupos de trabajo. ¿Es positivo que estén en el mismo grupo Oscar y Eduardo? Hay que estudiar el tema con cuidado, puede ser peor el remedio que la enfermedad.

Alumna/o: Pilar Llueca **Fecha:** 2 de noviembre de 2001

- **Situación:** Clase de matemáticas. Parece tener dificultades para la multiplicación, continúa utilizando los dedos para calcular una operación sencilla.
- **Comentario:** Trabajar con ella en las tablas de multiplicar.

Alumna/o: Pilar Llueca **Fecha:** 24 de enero de 2002

- **Situación:** Matemáticas. Ante una pregunta que formulo, Pilar levanta el brazo y contesta. Al final de clase se acerca y me pregunta, más contenta que unas pascuas, si me he dado cuenta de que se sabe las tablas.
- **Comentario:** ¡Bien por Pilar!

Cuestionarios, escalas o inventarios de opinión y valoración

Se trata de procedimientos que se elaboran desde un número determinado de categorías de análisis que nos pueden permitir organizar de forma ordenada un conjunto de aspectos a ser observados y valorados por el profesor o, en otros casos, por los propios alumnos.

Veamos un ejemplo de escala construida por el profesor para disponer de una referencia general sobre la participación en el trabajo en grupo realizado por los alumnos:

Aspectos valorados	**Miembros del grupo**			
	Marta	Miguel	Carlos	Carmen
Asume tareas.	✗		✗	✗
Escucha a los demás.	✗	✗	✗	✗
Respeta opiniones.		✗		✗
Lidera el trabajo.				✗
Solicita ayuda.		✗	✗	
Presta ayuda solicitada.	✗		✗	✗

En este caso presentaremos un ejemplo de escala de autovaloración del alumno sobre su propio cuaderno de clase:

Aspectos valorados	**Siempre**	**A veces**	**Casi nunca**
Cada día intento actualizar el cuaderno.			
Utilizo el cuaderno para preparar los exámenes.			
Consulto a compañeros para algunas tareas.			
Pido ayuda a mis padres para algunas tareas.			
Trabajo con ayuda de un diccionario.			
Primero trabajo en «sucio» y luego lo paso.			
Creo que no tengo tiempo para hacer todo.			
Etc.			

El anterior ejemplo de cuestionario de autovaloración pone sobre el tapete una de las limitaciones que apuntaba Lafourcade (1972) sobre este tipo de instrumento, en el sentido de que «sus limitaciones están centradas en que es difícil confiar totalmente en las respuestas dadas» (p. 183). Ello quiere decir que es posible que, en ocasiones, el alumno responda aquello que piensa que el profesor valorará de forma más positiva (esa es una de las consecuencias del clima evaluador).

Yo creo que este tipo de instrumentos puede resultar muy útil para ayudarnos a sistematizar información sobre actitudes y preferencias de los alumnos, desde luego siempre que clarifiquemos ante ellos cuál es el objeto de pasarles un cuestionario y para qué lo utilizaremos.

El problema de la evaluación de las actividades de grupo

¿Cómo evaluar a los alumnos desde su actividad en el trabajo de grupo? Partiré de considerar el trabajo de grupo como trabajo de índole cooperativa, es decir, aquel tipo de actividad grupal diseñada con la finalidad de que todos participen y, aún más, de que sea necesario el concurso de todos los integrantes del grupo para desarrollar con éxito la actividad. Con ello quiero diferenciar lo que sería «que los alumnos trabajen agrupados» a que «trabajen de forma cooperativa». Si hubiera que definir por una característica la diferencia entre el alumno que trabaja con otros en paralelo y el que lo hace de forma cooperativa podríamos decir que éste último entiende (igual que cada uno de los miembros del grupo) que su trabajo es necesario para el equipo. De ahí la habilidad de un profesor para proponer a cada grupo un conjunto de actividades que puedan ser acometidas por los diferentes integrantes del grupo a diferente nivel de complejidad y que, además, unidas den como resultado un trabajo que es el reflejo de un esfuerzo compartido.

Pueden plantearse dos niveles en la evaluación del trabajo del grupo:

1. En cuanto al aprendizaje desarrollado por sus miembros con relación al área de conocimientos sobre la que se ha diseñado la actividad.
2. En cuanto a la capacidad de desarrollar un trabajo colaborativo.

Si exclusivamente nos interesa el primer nivel y olvidamos o infravaloramos el segundo, se darán las condiciones idóneas para que el supuesto trabajo colaborativo se convierta en un «sálvese quien pueda» donde lo que interesa es demostrar las capacidades individuales. No olvidemos que en enseñanza a la antítesis de la colaboración la llamamos competitividad.

Una de las primeras orientaciones –o advertencias, según se mire– que yo mismo hago a mis alumnos y alumnas en la facultad es que no voy a pedir trabajos escritos de grupo, y ello por varias razones. Por una parte, me resulta imposible hacer un seguimiento medianamente digno sobre cómo se desarrolla ese trabajo y me resulta igualmente imposible discutir el resultado del trabajo con los autores (por excesivo número de alumnos). A la vista de ello, me he de conformar con el producto del trabajo que, en muchas ocasiones, no es sino un conjunto de folios encuadernados, que tratan sobre una temática similar, y desde los que da la impresión que cada miembro del grupo no sólo ha asumido una parte del trabajo, sino que parece que se ha comprometido a utilizar una forma de impresión diferente a la de los demás. De tal manera que algunos trabajos son como un muestrario de diferentes tipos y tamaños de letra, así como de diferentes formas de impresión: láser, tinta, impresora matricial, máquina de escribir eléctrica y hasta máquina de escribir tradicional a la que no sólo parece faltarle la tecla de los acentos, sino también una buena limpieza. Si a ello le sumamos que en la portada aparecen los nombres y apellidos de cinco alumnos impresos a láser y otro más añadido con bolígrafo, hay indicios para pensar que el trabajo no podría ser definido como altamente cooperativo. ¿Cuál es la moraleja de esta pequeña digresión? Asumamos como evaluable no sólo aquello que «valga la pena» evaluar, sino también aquello de podemos y sabemos evaluar.

En el epígrafe anterior he apuntado algunos instrumentos en forma de escalas de valoración y de autovaloración que podrían utilizarse para recoger y sistematizar información a propósito del trabajo de los grupos. Pero también hay otras formas que nos acercan más a los procedimientos formales de evaluación y que normalmente no utilizamos. ¿Qué tal diseñar un examen o control dirigido al grupo? ¿Podemos diseñar preguntas o problemas en cuya solución puedan participar todos los integrantes del grupo y firmar todos al final? En el peor de los casos podríamos sospechar que, en realidad, sólo unos cuantos del grupo van a llevar la voz cantante y que otros van a limitarse a asentir. Eso dependerá de la naturaleza de las preguntas o del tipo de problemas planteados, pero aún así, si realmente ocurriera de esa manera, podría ser otra situación de aprendizaje: aprender de los colegas.

Recuperemos un ejemplo que aparecía en el capítulo 2, aquel de...

> PROFESORA: Esta noche emiten en la televisión *La Colmena* que, como sabéis va para el segundo trimestre, quisiera que la todos la vierais.

¿Qué tal un posible examen o control o prueba a ser respondido por cada uno de los grupos de trabajo?:

- Miembros del grupo:

....

....

....

- ¿Por qué creéis que la novela de Cela lleva por título *La Colmena*?

....

....

....

....

[...]

- Escoged dos personajes de la película y tratad de describirlos: cómo son físicamente, cómo van vestidos, de qué viven, cuáles son sus aspiraciones...

....

....

....

....

[...]

- Haced una crítica de la película: lo que más os ha gustado, lo que menos y por qué.

....

....

....

[...]

Fecha y firmas:

Reunión con padres y madres. Asunto: evaluación

Ya, ya sé que puede parecer chocante que este epígrafe aparezca en un capítulo que lleva por título *Instrumentos para tratar de evaluar*. Me apresuro a apuntar que no considero la reunión con padres y madres un instrumento de evaluación. Sí es una de las posibles fuentes de información para calibrar los juicios de evaluación, al fin y al cabo no es sino una entrevista con los padres el inicio de la evaluación en el comienzo de nuestra escolaridad allá por la educación infantil.

Sin embargo, la razón de «encajar» en este capítulo sobre instrumentos y técnicas de evaluación un epígrafe final sobre la reunión con los padres y las madres tiene un valor simbólico, el de volver a recordar que si todo lo anterior tiene un sentido es, entre otras cosas, la de sistematizar juicios profesionales sobre el aprendizaje de niños y niñas concretos, con nombres y apellidos, a los que tratamos de enseñar a aprender.

Los destinatarios primeros de esos juicios profesionales son nuestros propios alumnos, pero hay otras «audiencias» a las que transmitimos juicios en forma de calificación, entre otras, probablemente la más importante, la familia. Apuntaba Ayers (1992) que «si pensamos que hay que reinventar la escuela, primero es necesario reinventar la profesión». Estoy de acuerdo con Ayers, pero también creo que para reinventar la profesión desde el punto de vista de su significado social se hace necesario mostrar «aquello que vale la pena» de nuestra profesión. Es posible que eso ocurra de forma cotidiana dentro del aula, pero hemos de hacer un esfuerzo por mostrarlo, también, fuera del aula y nuestra primera «audiencia» son justamente los padres y madres de los niños y niñas de la clase.

> *Llegué a casa deshecho, cansado, preocupado, triste, con el dolor en el pecho y como si estuviera resistiendo una pesada carga en mis párpados. Había dado, hacía pocas horas, las notas al alumnado del que soy tutor.*
> *Algunos días más tarde quise manifestar lo injusto, lo impropio, lo inadmisible que es dar notas al alumnado. Se trata de informar a las familias del rendimiento de sus hijas o hijos. Se trata, en fin, de decir si su hija o hijo tiene un rendimiento suficiente y satisfactorio, suficiente pero insatisfactorio, insuficiente pero satisfactorio o insuficiente e insatisfactorio.* (Gómez, 1998, p. 88)

Convocar a los padres de un alumno a una reunión con el profesor de su hijo puede tener diferentes significados dentro del clima evaluativo que preside la enseñanza. Podría tratarse de una reunión «habitual» dentro del conjunto de convocatorias que el profesor va haciendo a todos los padres con la finalidad de intercambiar información sobre los alumnos. También podría tratarse de una reunión convocada específicamente por el profesor para tratar un tema concreto y puntual del niño, o solicitada por los padres para tratar alguna problemática específica, habitualmente sobre el rendimiento y calificaciones de su hijo.

A los efectos del proceso evaluador, las reuniones con los padres se constituyen en un elemento básico para recoger, intercambiar y ofrecer información sobre el niño. Resulta evidente, por otra parte, que conforme la enseñanza se centra más en las necesidades e intereses del niño tanto más importante es la función de recoger e intercambiar información con la familia, así como coordinar acciones en el desarrollo de hábitos, procedimientos de la vida cotidiana, actitudes... Cuando la enseñanza se va centrando más en el dominio de contenidos, allí donde el interlocutor es el profesor tutor, la observación de la realidad nos evidencia que las entrevistas, habitualmente, parecen cumplir más una función de información hacia los padres, así como de clarificar aspectos puntuales de la vida del niño fuera de la escuela que inciden en su rendimiento o aprendizaje en la misma.

Habitualmente el lugar de reunión es la propia escuela, esto es, el lugar de trabajo para el profesor, al fin y al cabo, las entrevistas forman parte del quehacer profesional del docente. Y en este punto radica el primer elemento a tener en cuenta a la hora de pensar en esa reunión con los padres. Hay padres que, por diferentes razones, están acostumbrados a entrar y salir de la escuela, conocen todas sus dependencias y conocen al personal que por allí se mueve. Sin embargo, también hay muchos padres a los que les cuesta moverse en el interior de la escuela, en realidad parecen desconocer, en gran medida, lo que hay allí dentro y lo que allí dentro ocurre, quizás acostumbrados a detenerse en el umbral para dejar o recoger a su hijo al final de la jornada escolar. Incluso, dentro de este último grupo, hay padres que pueden manifestar cierta inseguridad al entrar en el recinto escolar, sobre todo si la situación es de entrada o salida de los escolares, allí donde en el vestíbulo se mezcla un montón de gente, niños y adultos en una especie de desorden más o menos organizado.

Es bueno que el profesor reciba a los padres en el vestíbulo del centro. Probablemente el bedel o conserje puede solicitar la presencia del profesor cuando han llegado los padres, siempre es mejor eso que: «Miren, suban por la escalera de la izquierda y en el pasillo verán el aula 8, si no está allí estará en la sala de profesores que es en el segundo piso, al final, al lado de la fotocopiadora».

Y, por supuesto, es imprescindible, por puro respeto, que el profesor no haga esperar a los padres, al menos sin hacer acto de presencia y explicar la posible demora. Si se trata de la primera reunión del profesor con esos padres y después de las presentaciones, quizás una buena forma de romper el hielo sea preguntar: «¿conocéis la escuela?» y entonces dar una vuelta para que los padres se familiaricen con el centro.

La entrevista debería ser preparada por el profesor en orden a desarrollar una conversación –intercambio de información– con los padres sobre su hijo o hija. Ello significa no tanto ir armado de exámenes, trabajos, fichas y registros como, fundamentalmente, disponer de información clara y precisa sobre el alumno. Por eso es conveniente disponer con antelación de la información y preparar la reunión.

Yo creo que ése es un buen momento para insistir en el significado de la evaluación y sobre todo en el significado de lo que aparece en el boletín de calificaciones del alumno. Y, a partir de ahí, replantear quizás cuáles son las posibles estrategias para que el niño «progrese adecuadamente».

Si, como profesores, demostramos en nuestra conversación con los padres que conocemos al alumno, que valoramos sus avances, y que, por supuesto, nos preocupan sus limitaciones, en general y salvo excepciones, los padres podrán disponer de información suficiente como para asumir que la enseñanza no termina cuando finaliza el horario escolar y para comprender cómo elaboramos juicios sobre su hijo a partir de lo que sabemos. Y también para conocer y entender cuál es nuestro trabajo y cómo lo hacemos. Por supuesto que no soy tan ingenuo como para pensar que ésa es la actitud de todas las familias –la de escuchar, dialogar y la de tratar de comprender. En todo caso, repito, esa reunión con los padres representa una de las escasas ocasiones que como profesores tenemos, más allá de nuestros alumnos y nuestros colegas, de hablar a otros sobre aspectos relativos a nuestro conocimiento y quehacer profesional y, en ese sentido, merece la pena aprovechar todas y cada una de esas oportunidades.

5

Evaluación institucional y responsabilidad docente

[...] Hasta cierto punto me desconcertó la reacción de la Secretary of State, un tanto nerviosa y defensiva, ante las «sorprendentes» noticias de que los resultados obtenidos por la mitad de los niños de 11 años del país en los tests nacionales de rendimiento de inglés y de matemáticas habían descendido por debajo del nivel de actuación establecido. ¿Acaso no lo sabía? Después de todo eran sus tests, encargados y elaborados según sus directrices.
(McDonald, 1997, p. 25)

Introducción

Quizás este último capítulo merecería ser considerado como apéndice al resto del libro y ello porque de alguna manera me separo de lo que es propiamente evaluación de alumnos en el aula y en el centro para considerar el problema de la evaluación desde el punto de vista institucional, esto es, cuando el juicio evaluador nos pretende dar la medida de eso llamado calidad de la enseñanza como calidad del funcionamiento del sistema educativo.

El tema, en el momento de escribir estas líneas, está de moda en nuestro propio sistema educativo pues sobre el tapete se encuentra el debate y aprobación de la llamada *Ley de Calidad*. Y justamente uno de los argumentos más utilizados para delimitar el concepto de calidad del sistema educativo es el del rendimiento escolar, entendiendo por el mismo, el rendimiento de los alumnos y alumnas o, lo que de modo un tanto impersonal –y con mayúscula– se denomina como el Nivel.

En ese sentido yo no creo que la evaluación de alumnos en un aula pueda ser considerada como independiente de los sistemas de evaluación institucional sobre la calidad de la enseñanza, más cuando se hace recaer en el rendimiento del alumno o en la evaluación de profesores el peso mayor de esa evaluación institucional.

Vaya por delante mi convencimiento de la necesidad de evaluaciones institucionales sobre el funcionamiento del sistema educativo y también, incluso, mi convencimiento de que puede resultar positiva la implantación de sistemas de recogida de información que nos permitan determinar, globalmente, cuáles son las capacidades con las que un alumno «medio» finaliza un determinado período de la escolarización, de tal manera que esta información y su posterior tratamiento y debate pueda conducir a la implantación de políticas que puedan mejorar las condiciones y funcionamiento de nuestro sistema educativo.

Ahora bien, tal como sucede con la evaluación de alumnos y alumnas en el aula, la evaluación institucional puede cumplir diferentes funciones y, no sólo eso, la evaluación institucional responde a intereses políticos que, en todo caso o, mejor, en cada caso, habría que clarificar, al menos en una sociedad democrática tal cual es nuestro caso.

Quiero con ello decir que la evaluación institucional tanto podría servir para tomar decisiones sobre la mejora del sistema educativo y, entonces, quizás el dato sobre la inversión económica del Estado por plaza escolar se constituye en uno de los datos altamente significativo, o la evaluación institucional podría ser utilizada para dar cobertura a políticas educativas de carácter más selectivo y, entonces, el dato a erigirse como más significativo podría ser el del rendimiento académico de los alumnos. ¿Qué rendimiento y en comparación a qué para establecer ese constructo llamado *nivel*? Resulta complicado establecer la Norma (otro constructo con mayúsculas necesario para dar sentido al Nivel), al menos desde la perspectiva de las políticas educativas.

En última instancia, más allá de las relaciones entre evaluación del alumno en el aula y evaluación institucional, quizás mayor relevancia tienen las estrechas relaciones entre evaluación institucional y la construcción –o destrucción– de los significados sociales sobre la profesionalidad docente. Así, cuando la norma (la Norma) para determinar el nivel (el Nivel) se sitúa en los resultados empíricos de un aprendizaje supuesto o esperado, parece, en última instancia, que el nivel será mejor o peor según cómo enseñan los profesores, causa directa de lo que aprenden sus alumnos y ello, parece, al margen de las condiciones de la enseñanza y el aprendizaje.

Desde estos supuestos podría parecer, entonces, que la hipotética adopción de políticas neoliberales en educación, tales como la segregación, la agrupación por niveles, la «especialización» de los centros educativos, etc., no son sino condiciones para que los «únicos» o, al menos, «últimos» responsables de la enseñanza, esto es, los profesores y profesoras, trabajen en mejores condiciones para generar aprendizaje en sus alumnos y, por tanto, elevar el Nivel.

Por supuesto que hay otras perspectivas y formas de plantear la evaluación institucional, también en este caso las evaluaciones pueden tener una finalidad formativa o sumativa, y por supuesto también es posible contemplar una evaluación institucional que contemple la autoevaluación de centros y profesores; pero todas ellas son opciones políticas y, como tales, sujetas a debate público.

En suma, no estamos sino planteando claves muy similares a las de la evaluación de alumnos y alumnas en el aula: elaborar juicios, mejor si son compartidos, y tratar de mejorar el proceso.

El contexto histórico de la evaluación institucional

El giro más significativo en la reciente historia de la evaluación educativa, en el contexto internacional, tiene lugar a partir de la década de los sesenta. La reacción estadounidense a la aparente hegemonía tecnológica y militar de los soviéticos (puesta de manifiesto por el lanzamiento del Sputnik) fue dar la alarma para salir de la complacencia en que habían estado sumidos en materia de educación desde finales de la segunda guerra mundial. Se aprecia entonces, no sin sorpresa, que no se dispone de información relevante y fiable acerca del sistema educativo nacional en su conjunto ni de aspectos particulares de éste, salvo, quizá, los relativos al cumplimiento por parte de cada profesor o centro de los objetivos programados. Se imponía, como planteará Cronbach, considerar que es tarea de la evaluación recoger y sistematizar la información del sistema a efectos de poder introducir cambios orientados a su mejora. Ésta constituye la señal de salida para que otros evaluadores, como Scriven, definan la función formativa de la evaluación o, Patton, el principio de utilidad. Todas estas cuestiones, en el marco de una breve aunque interesante revisión histórica de la evaluación de profesores, así como de los modelos, criterios y estándares para la misma, pueden encontrarse en el citado trabajo de Stufflebeam y Shinkfield (1987).

El cambio operado significa atribuir a la evaluación la condición de ser un reflejo de la realidad; pero como ésta es siempre *sui generis*, implica a su vez el reconocimiento de cada caso y situación como único. No es posible ya seguir concibiendo la enseñanza como la aplicación de unos principios teóricos generales definidos externamente. Por el contrario, se admitirá que es la acción del profesor la que genera teoría. Este supuesto viene a sumarse a otros que han venido implantándose simultáneamente en el ámbito educativo, según los cuales el lugar de la innovación deja de situarse en los «laboratorios» educativos para trasladarse a la escuela, así como es el profesor el agente de cambio. Recordemos, en ese sentido, que desde aproximadamente mediados de los años setenta nos encontramos con la aparición de las propuestas del profesor como investigador (Stenhouse, 1987), de la investigación-acción (Elliott, 1993) o, más tardíamente, de autoevaluación (Simons, 1986).

Simultáneamente se han desarrollado estudios en el ámbito organizativo en muchos casos asociados a las exigencias de *accountability* (traducible como 'rendición de cuentas').

Esto es especialmente importante para la evaluación. El trasvase o importación de planteamientos y formas de racionalidad derivados de los movimientos de gestión empresarial científica se suele relacionar con el nacimiento del currículo como campo de teorización, y la evaluación representa un elemento importante de control de calidad dentro de esa lógica. Sin embargo, no cabe duda de que desde el punto de vista organizativo, las «empresas» escolares difieren básicamente de otras formaciones productivas con mayor dependencia de la introducción de innovaciones tecnológicas, lo cual viene a significar que todo incremento de productividad en tal tipo de empresa tiene que pasar, se entiende, por la mejora de las habilidades técnicas y profesionales de sus trabajadores –los profesores– antes que por una dotación mayor o mejor de recursos tecnológicos. Respecto a la rendición de cuentas, un incremento en las demandas de responsabilidad a la escuela por los resultados que produce no puede sino traducirse en la personificación sobre un agente en el que esa responsabilidad se descargue, y ése es el profesor.

Evaluación y formas de responsabilidad docente

El debate en torno a la evaluación en educación se ha centrado desde hace casi cuatro décadas en si debería ocuparse principalmente de la rendición de cuentas o más bien de los propósitos de desarrollo. La rendición de cuentas se centra principalmente en satisfacer las demandas de aquellos que proveen los recursos económicos para el mantenimiento de los programas educativos, y también de si tales recursos se han utilizado de manera efectiva y, en consecuencia, si deberían seguir usándose o no del mismo modo. En este caso, las audiencias de la evaluación estarán integradas por aquellos que financian el programa y no tanto por quienes están implicados en su desarrollo.

Por el contrario, la evaluación que persigue propósitos de desarrollo personal, profesional o social tendrá una orientación más formativa, siendo ella misma parte del proyecto de cambio. En este caso, la audiencia será en primer lugar la de aquellos implicados en la ejecución del programa y comprometidos con el cambio. El objetivo principal de ésta será mejorar la práctica más que satisfacer demandas externas de información.

Ahora bien, probablemente los tres parámetros principales que nos permiten identificar previamente a su realización si la orientación de la evaluación es al desarrollo o a la rendición de cuentas están definidos por tres ejes trazados respectivamente entre la definición externa o interna de los objetivos y criterios, la utilización de instrumentos diseñados externa o internamente y la atribución última de la responsabilidad evaluadora a un agente externo o interno.

Así, cuanto más tienda una evaluación a quedar diseñada desde posiciones internas al objeto que se trate de enjuiciar, mayor será asimismo su potencialidad formativa; al contrario, cuanto menos implicación por parte de los sujetos que a su vez lo están (implicados) con el objeto, más posibilidades tendrá de servir a propósitos exclusivos de rendición de cuentas.

Lo cierto es que los procedimientos de evaluación institucional en el sentido de rendición de cuentas no se han derivado de un modelo sistemático, sino que más bien han ido emergiendo de una serie de iniciativas adoptadas por parte de las autoridades políticas o administrativas de los sistemas educativos, introduciéndose en educación inicialmente no tanto como fruto de una estrategia consistente, sino más bien como resultado de una serie de medidas que no siempre parecían estrechamente relacionadas, tales como otorgar más poder a las autoridades descentralizadas, la concesión de autonomía para su gestión a las escuelas, el desarrollo de currículos nacionales, la configuración de equipos de inspección, etc. Tampoco puede encontrarse un programa lineal de adopción de todas y cada una de estas medidas. De hecho, su implantación responde a distintas fechas y orden según otras circunstancias políticas que rigieran en cada momento en los diferentes países en los que se han encontrado trazas de la misma.

Lo cierto es que si tomamos al profesor como objeto de una evaluación centrada en la rendición de cuentas, nos encontramos con algunos problemas. Por una parte, el profesor es susceptible de «rendición de cuentas» en tanto que es responsable ante otros por las acciones que realiza al servicio de los intereses de los otros o en beneficio de esos otros; la rendición de cuentas es una garantía para «los otros» de que sus intereses están siendo salvaguardados o satisfechos.

Pero el profesor, por otra parte, es susceptible asimismo de evaluacion en el desarrollo de su responsabilidad profesional en la medida en que es el único responsable de salvaguardar la finalidad de sus propias actuaciones, los propósitos de las cuales no son enajenables a otros. Si bien en algunos casos predominará la «rendición de cuentas» del profesor (por ejemplo, que enseñe a sus alumnos, que dé sus clases, que evalúe...) en otros, la mayoría, lo que predomina es la responsabilidad profesional (la convicción íntima del profesor de que está cumpliendo su trabajo del mejor modo posible). En aquellos aspectos en que la práctica es rutinaria o meramente instrumental predominará la rendición de cuentas, pero cuando se trata de aspectos que requieren la toma de decisiones de carácter profesional (esto es, basadas en el conocimiento y la ética profesional), donde tiene que predominar el juicio profesional, entonces sólo es posible una exigencia de responsabilidad profesional.

De esta forma, en la actuación docente podríamos distinguir diferentes formas de responsabilidad:

- La responsabilidad política tiene que ver con las respuestas que les son exigibles a los profesores, pero sobre todo a otros responsables del sistema por el talante democrático con el que se deciden los procedimientos que rigen su gobierno y el de los centros escolares. Un ejemplo sería la referida a la elegibilidad de los equipos directivos; el control del consejo escolar sobre el diseño y desarrollo del proyecto curricular de centro, etc.
- La responsabilidad legal es asimismo exigible a cualquier docente, pero no en mayor medida en que se le puede exigir a cualquier otro ciudadano en un estado de derecho, como ejemplo puede tomarse la que se exige para hacer frente a la posible violación de derechos básicos de los ciudadanos. El control corresponde en este caso, obviamente, a las mismas instancias que velan por el cumplimiento de cualquier otro ámbito de la legalidad.
- La responsabilidad burocrática exige del profesorado, tanto más cuanto que esté funcionarialmente adscrito a su puesto y tarea, que cumpla con las reglamentaciones dictadas por la Administración educativa. Generalmente la propia administración se dota de cuerpos específicos para velar por su cumplimiento, particularmente, en enseñanza, se trataría de la inspección educativa.
- La responsabilidad profesional, distinta de la anterior pero complementaria a ella, rige en todos los casos porque es aquella que se debe al conocimiento propio para el desempeño de la profesión. El control, normalmente, estará en manos del propio colectivo docente.
- Por último, puede hablarse de una nueva forma de responsabilidad que parece imponerse en la misma medida en que se modifican en igual dirección las relaciones sociales. Se trata de la mercantil, que potencia y protege

la denominada libertad de elección por parte de los consumidores del servicio educativo. El control en este caso es estrictamente individual y corresponde a cada uno de los consumidores, quienes optan a la oferta educativa pagando por ella según sus posibilidades económicas.

La rendición de cuentas en sentido estricto, por su propia definición, implica siempre la existencia de una norma externa a la que ajustar el comportamiento profesional y unos estándares a los que ajustar el producto del trabajo. Se da el caso, sin embargo, que la enseñanza como desempeño laboral está integrada en la mayor parte de los casos y de los sistemas educativos por un componente funcionarial a la vez que profesional. Por lo que respecta al primero, el profesorado debe someterse a formas de responsabilidad administrativa; sin embargo, para el segundo, regirá en cambio una responsabilidad que orienta sus respuestas al propio campo de conocimientos, a los colegas o a sí mismo en último extremo.

¿Qué implicaciones tiene todo esto con la incorporación regular de procedimientos de evaluación a las actividades docentes? Lo cierto es que, si bien la evaluación no es por principio un procedimiento hostil a los profesores, de hecho es una vieja conocida de la profesión su presumible asociación a formas de responsabilidad administrativa, mercantil o una mezcla de ambas, sí que parece conducir a una apreciable disminución en la profesionalidad docente, como señala Tyson en relación con el movimiento de rendición de cuentas.

> *La condición de trabajo más debilitante para los profesores es la noción de que el profesor es el único responsable de cuánto aprenden los estudiantes.* (Tyson, 1994, p. 128)

Algunas de las tensiones que tienen que ver con el desarrollo profesional docente están generadas por la identificación de que ese desarrollo profesional se constituya en respuesta a las presiones y demandas externas, generalmente bajo la forma de rendición de cuentas en forma de medición y comparación del rendimiento de sus alumnos, por ejemplo bajo la hipótesis de que «la existencia de un examen externo mejorará la enseñanza».

Pero también bajo la presión de demandas internas, como el mismo Tyson (1994) indica, generándose una situación grotesca en la cual los profesores bajan sus niveles para que los alumnos y/o sus padres «no monten una escena desagradable», lo que conduce a una sutil negociación entre profesores y estudiantes: trabajo más fácil y promoción de grado a cambio de buen comportamiento.

Pero si la evaluación, especialmente la que tiene por objeto el desarrollo profesional docente, dado el imperativo de la autenticidad, no puede ser asumida como una práctica meramente burocrática o realizada al dictado de la norma administrativa, ¿cuáles son los propósitos a los que responde?, ¿en qué consiste ese principio de autenticidad defendido? A continuación revisaremos algunos de los objetivos generales que pueden plantearse con relación a este objeto particular de evaluación.

- *Rendición de cuentas.* A pesar de que se trata del propósito más aceptado o extendido, no siempre queda claro ante quién deben rendirse tales cuentas. En relación con los recursos, estaría claro que deben rendirse ante aquellos que proveen los fondos; pero cuando no es ese el caso, debería enfocarse simultáneamente hacia los alumnos (para juzgar si las condiciones para su aprendizaje y desarrollo han sido bien provistas por parte de los profesores) y hacia los profesores mismos (para juzgar si han gozado de las condiciones suficientes como sus necesidades para el correcto ejercicio profesional exigen). Las audiencias son los principales elementos de una evaluación que se guíe por este propósito.

- *Mejora del proceso.* Se trata de «hacerlo cada vez mejor». La evaluación deberá incluir cuestiones relativas a la marcha, el contenido, el formato, las aproximaciones de las que se ha partido, los locales, as expectativas de los participantes y sus necesidades, los recursos utilizados, etc. Eso en términos generales, pero, específicamente ¿qué significa *mejorar el proceso* por referencia al desarrollo profesional docente? Para el cumplimiento de este propósito se ha de hacer especial énfasis en la formulación de los criterios de valor.
- *Promoción de la «buena práctica».* Este propósito pretende identificar, construir o diseminar los valores del desarrollo profesional a través, precisamente, del proceso evaluador. En este caso, la comunicación de los resultados de la evaluación resulta particularmente importante, siendo las audiencias indicadas los propios profesores, las autoridades educativas y los padres/madres. La vía consiste, fundamentalmente, en diseminar entre tales instancias un informe escrito que de a conocer el valor implicado y/o subyacente a las prácticas habituales de enseñanza.
- *Provisión de información para la formulación de políticas, la planificación y la toma de decisiones.* Cuando éste es el propósito principal de la evaluación, lo más importante es que los datos de los que el proceso de evaluación provea sean suficientes para facilitar los procesos mencionados a las agencias responsables. En este caso parece claro que el foco principal de una evaluación orientada a la información será el referido a las fuentes y los procedimientos de obtención de la información.
- *Medio para diagnosticar necesidades.* Se trata de que la evaluación ayude a los participantes en la identificación de sus necesidades de formación y/o desarrollo más inminentes. Bajo este supuesto, el elemento clave es la participación de los implicados en el diseño de evaluación, así como en la formulación de los criterios y otros aspectos más instrumentales.
- *Comprensión.* El propósito de la evaluación va, en este caso, más allá de las propias necesidades y objetivos inmediatos del puesto de trabajo; implica la consulta y discusión con un amplio grupo para hacer emerger las pautas para la comprensión de todos aquellos implicados. Si la evaluación del desarrollo profesional opera bajo este propósito, el elemento clave para que lo cumpla es la total implicación de los sujetos en todos los momentos de la evaluación, incluyendo, obviamente, la interpretación de los resultados de la misma.

A la vista de lo anterior conviene insistir en que, cuando se trata de promover el desarrollo profesional docente, sólo la implicación directa de los participantes en el diseño y realización del proceso de evaluación permite que éste se convierta en una ocasión de aprendizaje en sí mismo. Ello quiere decir que sólo los dos últimos propósitos reseñados garantizan por sí mismos la pretensión de contribuir al desarrollo profesional.

Valoración y control en el desarrollo profesional docente

¿Cuáles son los factores que afectan, influyen o determinan la posibilidad de existencia del desarrollo profesional de los docentes? En términos generales, podría apuntarse hacia dos grandes categorías:

1. Los factores implícitos en la definición de la profesionalidad docente.
2. Los factores políticos.

En la primera de las categorías, a su vez, pueden señalarse, entre otros:

- Los requerimientos de la definición del puesto de trabajo.
- Las cambiantes exigencias, demandas o responsabilidades.
- Las circunstancias particulares en que se cumple el desempeño profesional.
- El estilo docente.

Bajo los factores de naturaleza política podemos contar:

- Las grandes metas educativas del Estado y/o la Comunidad Autónoma (es decir, los marcos políticos de la educación institucional).
- Los fines o metas propios de cada escuela (contenidos en el proyecto educativo).
- La disponibilidad de recursos (en tanto éstos procedan, como es nuestro caso, de las instancias políticas y administrativas).

Como parece lógico pensar, la valoración que pueda realizarse del propio desarrollo profesional estará pivotando continuamente entre estos dos grandes conjuntos de factores, entre los profesionales y los políticos. Si la evaluación, por otra parte, no es otra cosa que un proceso de valoración, entonces la evaluación está estrechamente determinada por cada uno de los factores señalados. Convendría, en todo caso, estudiar la naturaleza de esa determinación, porque no es igual la procedente de una o de la otra de las categorías.

Si bien es cierto que no cabe confundir evaluación con control, no puede negarse que entre los efectos detectables de la evaluación cuentan los de actuar, deliberadamente o no, como un mecanismo de control.

En tal sentido, la evaluación puede actuar como mecanismo de control de cuatro maneras distintas según Harland (1996, p. 91 y ss.):

1. Conformidad (legitima la actividad evaluada al compararla con las intenciones de quien define la política).
2. Modelamiento (refuerza determinados procesos al enfocarse sobre los resultados).

3. Vigilancia (incorporado en el propio mecanismo de funcionamiento de la evaluación).
4. Dirección (al celebrar el éxito y especular sobre las razones del fracaso, refuerza constantemente las estrategias de la dirección).

En el caso de la evaluación del sistema educativo o de la calidad de la enseñanza a través de sus resultados definidos como el rendimiento académico de los alumnos, los cuatro principios podrían funcionar del siguiente modo:

- *Conformidad.*- Al evaluar desde los supuestos productos de la enseñanza -rendimiento de los alumnos- se legitima la existencia misma del objeto de la evaluación -el rendimiento del alumno como producto final y representativo de la enseñanza- independientemente de los resultados obtenidos por la evaluación o de los valores implicados en el juicio.
- *Modelamiento.* La evaluación que toma como base la medición externa del rendimiento del alumno adquiere la forma exclusiva de estricto control sobre el cumplimiento o no de los propósitos explícitos de la enseñanza; es decir, no tiende a poner en duda ni los propósitos mismos ni el modo en que se enseña y, ni siquiera en el que se aprende, sino, en todo caso, si se han alcanzado los objetivos previstos en su traducción a una prueba de rendimiento.
- *Vigilancia.* Si la evaluación es externa, el efecto de vigilancia o control es prácticamente imposible de evitar. Más cuando ello puede ir asociado a la publicación de «los resultados» de diferentes centros de enseñanza con relación a la posibilidad de que las familias se informen y pueden optar sobre el centro que conviene a sus hijos.
- *Dirección.* Es el mecanismo por medio del cual la dirección de la enseñanza se establece en función de lo que solicitan las pruebas externas de rendimiento. Caso del COU con respecto a las pruebas de selectividad.

Autoevaluación institucional

Todo esto nos sitúa en otro ámbito, probablemente complementario al de la evaluación externa institucional, que es el de la autoevaluación institucional. En este caso la evaluación se mostrará, necesariamente, como una empresa conjunta cuya asunción (planificación, desarrollo y efectos) correspondería al colectivo docente y, en la cual, son condiciones para su desarrollo que:

1. Forme parte de un ciclo más amplio del que también forma parte la planificación.
2. Supone que el personal se organice para poder participar y contribuir al proceso de evaluación.
3. Debe concentrarse en un pequeño número de objetos o prioridades; debe extraer, de entre los propósitos declarados, los criterios a partir de los cuales juzgar el éxito.
4. Tanto los propósitos como los criterios y las tareas implicadas se incorporarán a un plan de acción que será el que guíe el trabajo de los profesores.

En suma, y tal como sucede con la evaluación de alumnos, en última instancia se trata de construir juicios profesionales sobre nuestro propio trabajo y el de los colegas.

> *Desde el punto de vista emergente el esfuerzo evaluador está dirigido a documentar las prácticas o los logros después de que hayan ocurrido, y entonces reconocerlo y describir su valor a través de juicios humanos.* (Peterson, 1995, p.45).

Si la información derivada de la evaluación puede resultar en ocasiones ambigua y sujeta a la perspectiva de los participantes, los observadores o los responsables políticos o administrativos, no digamos ya las consecuencias que se pueden derivar del juicio. Probablemente los dos principios fundamentales que deben observarse a propósito del juicio sean que:

1. La enseñanza es un fenómeno complejo con múltiples soluciones deseables y, en consecuencia, con múltiples expresiones de valor.
2. El valor de la enseñanza está en relación con la audiencia específica, con el contexto y con las condiciones previas, el proceso, la potencialidad o los resultados de la acción.

Para finalizar, la evaluación tiene que ver con averiguar el valor o mérito de algo. Eisner (1998), refiriéndose al arte de enseñar como metáfora, remite a Dewey el origen de la idea según la cual la apreciación o valoración constituye una tarea artística, un acto creativo. Ahora bien, de la lectura de los trabajos del propio Dewey también se desprende que, para que un juicio exprese un valor, aquél que emite el juicio se siente personalmente comprometido con el mismo; eso es, precisamente, lo que diferencia la expresión de un dato científico o un hecho contrastado de un juicio de valor.

Dicho de otro modo, es el sujeto que juzga y/o valora quien, mediante un acto inteligente, produce el valor. No se trata, en consecuencia, de utilizar el término valor en el sentido en que lo haría la filosofía moral al uso, sino en el sentido de acción inteligente que permite aproximaciones progresivas entre la experiencia anterior y las conductas presentes y futuras.

El juicio no es, por tanto, un acto mental sino material, del que se desprenden consecuencias efectivas sobre la situación a la que éste se refiere.

La evaluación, pues, no trata sólo, ni siempre, de verificar si lo realizado tiene que ver con lo planificado, sino si lo realizado goza de algún valor en el sentido descrito anteriormente, esto es, si aquello es valorado (es susceptible de que se le atribuya valor), por tanto, si el acto de evaluación permite que incrementemos nuestra comprensión inteligente acerca del objeto y/o las acciones que se juzgan.

La evaluación implica realizar preguntas, conseguir información, trazar conclusiones y realizar un informe conteniendo recomendaciones para la acción futura. Pero las cuestiones no se refieren a los formatos de la acción, sino a lo que subyace a ésta. La información se recopila mediante vías diferentes –cuestionarios, entrevistas, observación, entre las más usuales– y para extraer conclusiones sobre esa información debe disponerse de criterios o indicadores, principios de procedimiento y conocimiento profesional sobre técnicas e instrumentos.

La interpretación de los resultados es, fundamentalmente, un problema de explicitación de consensos y disensos, luego un asunto de negociación acerca de cómo se han obtenido los datos y cómo se han analizado e interpretado (la interpretación siempre se realiza en clave de otros elementos de información que subyacen a los declarados como indicadores). La evaluación, además de posibilitar la formulación de juicios, también puede proveer descripciones pormenorizadas del proceso de actuación, como en la tradición naturalista, especialmente la evaluación iluminadora.

Como se ha visto, en toda evaluación está implicada una atribución de valor. Ahora bien, esa atribución puede orientarse a propósitos de desarrollo personal, profesional y/o social o bien puede estar orientada a justificar ante otros los logros o realizaciones del programa o actuación sometida a valoración.

Una piedra de toque de la evaluación que permite discriminar mejor entre ambas orientaciones puede ser comprobar si las decisiones que se toman basadas en los resultados de la evaluación se dirigen a la mejora profesional o a la eliminación o consolidación del programa o de algunos elementos de éste. Con ello no quiere decirse ni que la evaluación tenga siempre que ver con los procesos de toma de decisiones, ni tampoco que deba descartarse en términos absolutos la última de las opciones señaladas.

De hecho, a la hora de someter a autoevaluación la actividad colectiva de un equipo de profesores y profesoras, en algún momento será necesario juzgar si alguno de los extremos evaluados resulta procedente, conveniente, necesario, etc. En suma, si vale la pena consolidar determinadas prácticas o bien reemplazarlas. Si todo ese proceso se realiza bajo la perspectiva del incremento de la profesionalidad docente cabrá decir de la evaluación que contiene en sí misma valor formativo.

Bibliografía

ÁLVAREZ, J.M. (1993): «La evaluación como actividad crítica de aprendizaje». *Cuadernos de Pedagogía*, n. 219, pp. 28-32.

— (1995): «Valor social y académico de la evaluación», en AA.VV.: *Volver a pensar la educación*, vol. II. Madrid. Morata, pp. 173-194.

— (2000): Didáctica, currículo y evaluación. Buenos Aires/Madrid. Miño y Dávila Editores.

APPLE, M.; KING, N. (1983): «¿Qué enseñan las escuelas?», en GIMENO SACRISTÁN, J.; PÉREZ GÓMEZ, A.: *La enseñanza: su teoría y su práctica*. Madrid. Akal, pp. 37-53.

AYERS, W. (1992): «The shifting ground of curriculum thought and every practice». *Theory into Practice*. n. 3, vol. XXXI, pp. 259-263.

BARBIER, J. (1985): *L'evaluation en formation*. Paris. PUF. Versió castellana: *La evaluación de los procesos de formación*. Barcelona/Madrid. Paidós/MEC, 1993.

BELTRÁN, F. (1991): *Política y reformas curriculares*. Valencia. Universitat de València.

— (2000): *Hacer pública la escuela*. Santiago de Chile. LOM.

BOZAL, V.; PARAMIO, L. (1975): «Sistema educativo/sistema de clase». *Zona Abierta*, pp. 15-63.

COLL, C. (1983): «La evaluación en el proceso de enseñanza/aprendizaje». *Cuadernos de Pedagogía*, n. 103-104, julio-agosto.

COLL, C.; MARTÍN, E. (1999): «La evaluación del aprendizaje en el currículum escolar: Una perspectiva constructivista», en COLL, C. y otros: *El constructivismo en el aula*. Barcelona. Graó, pp. 163-184.

EGGLESTON, J. (1980): *Sociología del currículo escolar*. Buenos Aires. Troquel.

EISNER, E.W. (1983): «Los objetivos educativos: ¿ayuda o estorbo?», en GIMENO, J.; PÉREZ GÓMEZ, A.: *La enseñanza: su teoría y su práctica*. Madrid. Akal, pp. 257-264.

— (1994): *The educational imagination. On the design and evaluation of schools programs*. New York. Maxwell Macmillan International (3.ª ed.).

— (1998): *El ojo ilustrado. Indagación cualitativa y mejora de la práctica educativa*. Barcelona. Paidós.

ELLIOTT, J. (1993): *El cambio educativo desde la investigación acción*. Madrid. Morata.

FALK, B. (2000): «La observación de los alumnos y su trabajo», en ALLEN, D. (comp.): *La evaluación del aprendizaje de los estudiantes*. Buenos Aires. Paidós, pp. 75-93.

GIMENO, J. (1982): *La pedagogía por objetivos: obsesión por la eficiencia*. Madrid. Morata.

— (1988): *El currículum: una reflexión sobre la práctica*. Madrid. Morata.

— (1996): *La transición a la educación secundaria*. Madrid. Morata.

GIMENO, J.; PÉREZ, A. (1992): Comprender y transformar la enseñanza. Madrid. Morata.

GÓMEZ, A. (1998): «Las notas: entre la injusticia y la arbitrariedad». *Cuadernos de Pedagogía*, n. 273, octubre, pp. 88-89.
GIROUX, H. (1981): *Ideology culture and the process of schooling*. London. The Falmer Press.
— (1990): *Los profesores como intelectuales*. Barcelona. Paidós/MEC.
— (1994): «La evaluación del rendimiento económico de los estudiantes en el sistema educativo español», en ANGULO, J.F.; BLANCO, N.: *Teoría y desarrollo del currículum*. Málaga. Aljibe, pp. 313-342.
HARLAND, J. (1996): «Evaluation as realpolitik», en SCOTT, D.; USHER, R. (eds.): *Understanding educational research*. London. Routledge.
INCE: http://www.ince.mec.es/ri/index.htm (resúmenes informativos).
JACKSON, P. (1991): *La vida en las aulas*. Madrid. Morata.
KEMMIS, S. (1988): *El currículum: más allá de la reproducción*. Madrid. Morata.
LAFOURCADE, P.D. (1972): *Evaluación de los aprendizajes*. Madrid. Cincel.
MAGER, R.F. (1973): *Formulación operativa de objetivos didácticos*. Madrid. Marova.
McDONALD, B. (1997): «¿Por qué no le importa a nadie la educación?». *Kikiriki*, n. 44-45, pp. 24-30.
PETERSON, K.D. (1995): *Teacher Evaluation*. Thousand Oaks. Corwin Press.
POPKEWITZ, T. (1988): *Paradigma e ideología en investigación educativa*. Madrid. Mondadori España.
RATHS, J. (1971): «Teaching without specific objetives». *Educational Leadership*, abril, pp. 714-720.
SALINAS, B. (1995): «Curriculum, recionalidad y discurso didáctico», en POGGI, M. (comp.): *Apuntes y aportes para la gestión curricular*. Buenos Aires. Kapelusz, pp. 21-59.
— (1998): Viñeta aparecida en: *Cuadernos de Pedagogía*, n. 268, abril, p. 49.
SHAVELSON, R. (1973): *The Basic Teaching Skill: Decision Making*. Stanford. Stanford Centre for Research and Development in Teaching. School of Education. Stanford University.
SHUY, R. (1998): «La lección del secretario Bennett: un argumento para la enseñanza de respuesta», en EISNER, E.: *El ojo ilustrado*. Barcelona. Paidós, pp. 160, 175.
SIMONS, H. (1987): *Getting to know schools in a democracy. The politics and process of evaluation*. London. Falmer Press.
SOLÉ, I.; COLL, C. (1999): «Los profesores y la concepción constructivista», en COLL, C. y otros: *El constructivismo en el aula*. Barcelona. Graó, pp. 7-24.
STENHOUSE, L. (1984): *Investigación y desarrollo del currículum*. Madrid. Morata.
— (1987): *La investigación como base de la enseñanza*. Madrid. Morata.
STUFFLEBEAM, D.L.; SHINKFIELD, A.J. (1987): *Evaluación sistemática. Guía teórica y práctica*. Barcelona/Madrid. Paidós/MEC.
TYLER, R. (1973): *Principios básicos del currículo*. Buenos Aires. Troquel.
TYSON, H. (1994): *Who will teach the children? Progress and resistance in teacher education*. San Francisco. Jossey Bass.
WILLIAMS, R. (1961): *The Long Revolution*. Hardmondsworth. Penguin Books.
ZABALA, A. (1999): «Los enfoques didácticos», en COLL, C. y otros: *El constructivismo en el aula*. Barcelona. Graó, pp. 125-162.